그들은 나를 '미스터 씨'라고 부른다

그들은 나를 '미스터 씨'라고 부른다

특집 '야인시대 선친 황병관'

저자 황시엽

도서출판 규장

작가의 말

　신간 서적의 홍수 속에서 많은 독자들의 공감을 얻는 좋은 책으로 선택받기가 '하늘의 별 따기'로 한갓 꿈처럼 보여도 작가에게는 그 꿈을 현실로 마주하고 싶은 꿈이 있다.
　나름 최선을 다해 완성도를 최대한 끌어올린 작품이라고 내 아무리 애타게 호소하고 주장해도 작품에 대한 평가는 어차피 독자의 몫이다. 평가는 주장하는 것이 아니라 인정받는 것이다. 작가는 '고슴도치도 제 새끼가 함함하다 하듯' 흠이 있더라도 자신의 작품에 애착을 갖게 마련이다.
　맛있게 드시라고 권했는데 한입 베어 물다 뱉어버린다든가, 다 먹고 나서 배탈이 나는 일은 결코 없어야 한다. 용케 뒤탈은 면했다 하더라도 영양가는커녕 칼로리만 잔뜩 보태주었다면 그도 못할 노릇이다. 한두 쪽 읽다 짜증이 나서 접어버릴 글, 다 읽고 나면 속았다는 기분이 드는 글, 그래서 작가라는 작자의 따귀라도 한 대 올려붙이면 속이나 후련해질 것 같은 글은 신간 서적의 홍수에 휩쓸려 사라져버리게 마련이다. 글에도 MSG 같은 첨가물을 넣지 않고 제맛을 내야 독자들의 정신건강에 유익할 것이다.

수록된 글들은 주로 미주한국일보 고정칼럼 '주말 에세이'에 연재되었던 수필들을 비롯해 기독교 간행물과 동창회보에 실렸던 것이다.

"선생님의 글을 자주 읽다 왕팬이 되었다."고 연락을 주신 뉴욕의 서 선생님, "참 재미있게 읽었다."며 꼭 책을 내보라고 격려해 주신 독자 등 많은 '주말 에세이' 독자들이 보내온 성원이 흩어져 있던 글들을 한 권의 책에 담아 세상에 태어나게 만든 용기와 결단의 원동력이 되었다. 흠이 있더라도 나의 분신 같은 글들이 재미있게 읽혀 독자들의 가슴에까지 다다를 수 있게 된다면 작가에게는 더할 나위 없는 큰 기쁨과 보람이 될 것이다.

'주말 에세이'를 쓸 수 있는 기회를 기꺼이 마련해주고 격려와 조언을 아끼지 않은 미주한국일보 권정희 논설위원께 감사의 말씀을 드린다. 또한 내 글의 소재가 되어준 뒷마당 귤나무, 야생딸기를 놓고 나와 한판 경쟁을 벌였던 벌레들, 나의 탐심을 시험한 이웃집 석류, 나의 스승 '기생꽃나무', 인간이 '소유적 동물'임을 온몸으로 연기한 노숙자 샘(Sam), 내 속을 무던히도 썩인 부하직원 등과 글을 쓴다는 핑계로 남편 역의 완성도를 소홀히 한 나를 말없이 참고 받아준 아내에게도 고마움을 전한다.

이민자로 광야 같은 미국 땅에 첫발을 내디딘 이래 이 순간까지 '미스터 씨'를 지키시며 때로는 품에 안고 동행해 주신 하나님께 모든 영광과 감사를 드린다.

특집 '야인시대 선친 황병관'에 부쳐

　오랫동안 구상하고 별러 오던 '야인시대 선친 황병관'을 마침내 마무리 짓고 한 권의 책 안에 함께 담아내게 되어 기쁘기 그지없다.

　일제 강점기 일본 메이지 대학 유학 중 아마추어 레슬링에 입문하여 전 일본 챔피언에 오르며 나라 잃은 식민지 조선 민족의 자존감과 위상을 높인 선친은 고국에 레슬링을 보급하는데 헌신하고 6·25전쟁의 와중에도 레슬링의 명맥이 끊어지지 않도록 후진 양성에 온 열정을 바치다 피난지 부산에서 33세로 요절했다. 선친은 해방 뒤 대한민국이 최초로 태극기를 앞세우고 참가한 1948년 14회 런던 올림픽에 레슬링 웰터급 선수로 참석, 5위에 입상했다.

　그런데 2002년에 방영된 사극 드라마 '야인시대'는 '한국 레슬링의 대부'란 명성을 얻은 전설적 국보급 스포츠맨을 하루아침에 '주먹세계의 주먹'으로 변신, 등장시켰다. 이 특집이 허위, 왜곡, 과장, 루머 등에 의해 참 모습을 잃어버린 선친 황병관이 '대한민국 레슬링의 개척자요 대부'라는 본래의 모습으로 인도하는 길잡이가 되기를 간절히 소망한다.

2023년 봄 미국 남가주에서 황시엽

차 례

작가의 말 / 5

제1부 수필

제1장 _ 잘 죽었다!

자나 깨나 이메일 조심! / 16
소유적 동물? / 19
과유불급 / 22
"노우 땡큐" / 25
미안하다, 귤나무여! / 28
버릴까, 말까? / 31
벌레와의 경쟁 / 34
세 개의 레인 / 36
소리가 크면 빨리 죽는다 / 39
수필과 인생의 완성도 / 42
욕설 문화 / 45
잘 죽었다! / 48
쪽 팔리게…… / 51
한국분이시죠? / 54

제2장 _ 그들은 나를 '미스터 씨'라고 부른다

하나님의 초콜릿 / 58

고무와 왕따 / 61

그들은 나를 '미스터 씨'라고 부른다 / 65

다 봤다! / 68

목마른 침입자 / 71

을과 갑의 출장 / 74

입 안의 혀라고? / 77

잊지 못할 감사 카드 / 80

제3장 _ 하나님은 색맹이시다

갚지 못할 사람을 도와라 / 84

나를 살리는 용서 / 87

'낮아짐'의 달인 / 90

동정굶식 / 93

두 '찰리' 이야기 / 96

무는 개미 돌아본다 / 99

미운 놈 떡 하나 더 줘라 / 102

성탄 선물로 받은 '본전' / 105

옥중 서신 / 108

코털 만세 / 111

콜라를 물로 봤다가…… / 113

하나님은 색맹이시다 / 116

환영! 불청객 예수 / 119

제4장 _ "끝까지 읽어줘!"

'가든 그로브 최' 씨를 찾아서 / 124
'남의 말도 석 달' / 127
"끝까지 읽어줘!" / 130
봉숭아와 매니큐어 / 134
세로 반란 / 137
소녀와 할머니 / 140
엄마와 웨딩마치를 / 143
잊지 못할 광복절 / 146
잊지 못할 김밥 / 150
나도 '국화 옆에서' / 153
설마를 경계하라! / 156
천국과 지옥 / 159

제5장 _ 아빠! 알았어?

공짜는 없다 / 164
귀신이 곡할 사건? / 167
나의 스승 '밤의 여왕' / 170
내가 사고기에 탑승했었더라면 / 173
댓츠 오케이 / 176
석류와 선악과 / 179
신사적으로 합시다! / 182
아버지의 런던 올림픽 / 185
아빠! 알았어? / 188
잊지 못할 호의 / 191

제 2부 특집 '야인시대 선친 황병관'

◆ '야인시대' 주먹으로 환생한 레슬러 황병관 / 199
◆ '한국 레슬링의 대부'가 '야인시대' 주먹? / 201
◆ 허구에 훼손된 선친 황병관의 명예 / 203
◆ 허구 속에 묻힌 진실 규명과 선친의 명예회복 / 205
◆ '야인시대' 황병관의 결투 / 207
  1. 일본 헌병과의 결투 / 207
  2. 북극곰 금강과의 결투 / 210
  3. 마사이찌와의 죽음의 결투 / 212
◆ 황병관 죽음의 진실 / 213
  선친의 장례식 / 217
◆ 종로 왕초와 황병관의 대결 / 219
◆ 김두한을 만난 황병관의 아들 / 223
◆ 황병관은 주먹세계나 '야인시대'의 주먹이 아니다 / 225
  청소년 시절 선친과 조부 황욱의 제자 손기정 / 227
  1. 일제 강점기 메이지 대학 유학생(1938~1941년) / 229
  2. 평양 귀향 뒤 농장 경영주(1942~1946년) / 232
  3. 서울 정착 후 조선체육관(한국체육관 전신) 레슬링 사범(1947~1950년) / 234
  수제자 '손가락 없는 레슬러' 이상균 / 235
  4. 1·4후퇴와 부산 피난지 레슬링 사범(1951~1952년 2월 28일) / 241
◆ 김극환 레슬링 감독의 기자 인터뷰 / 243
◆ 글을 맺으며 / 245

1952년 3월 6·25전쟁 중 피난지 부산에서 '대한 체육인장'으로
치러진 선친 황병관의 장례식 및 가두 운구행렬 / 248

제1부 | 수필

제1장

잘 죽었다!

자나 깨나 이메일 조심!

별 탈 없는 한해의 마무리를 코앞에 두었던 그 날 밤, 나는 느긋하게 컴퓨터 앞에 앉아 한 친구가 보내 온 이메일을 열고 있었다. '아름다운 섬 순례'라는 타이틀이 붙은 이메일이었다. 마우스를 클릭하면 섬 사진이 한 장씩 뜬다는 것이다. 클릭을 하자 과연 섬 사진 한 장이 떠올랐다. 야자수와 황혼을 배경으로 모래사장이 여인의 나신처럼 S자로 펼쳐진 멋진 섬 사진이었다. 홀랑 벗고 황혼 깃든 어스름 밤 바다 속에 뛰어 들고 싶은 충동을 느끼며 나는 잠시 사진 속에 빨려 들어갔다.

다음 사진을 위해 마우스를 클릭한 것은 집사람이 열려 있던 방으로 발을 막 들여놓던 순간이었다.

"아니, 도대체 뭘 하기에 아래층에서 그렇게 목 터지게 불러도 인기척도 없지?"

"응, 섬 사진……." 내가 말을 마치기도 전에 새 사진 한 장이 튀어나왔다.

"섬 사진? 저렇게 잘 빠진 섬도 있네!" 이미 내 옆에 다가와 컴퓨터 스크린과 내 얼굴을 번갈아 쳐다보는 집사람의 얼굴에 묘한 웃음이 흘렀다.

"어어?" 해변을 배경으로 홀딱 벗은 금발미녀가 팔등신의 몸매를 뽐내며 나를 빤히 보고 웃고 있다. 나는 수업 중 못된 장난치다 교사에게 들킨 학생처럼 할 말을 잃었다. 현행범 주제에 무슨 할 말인들 있겠는가. 얼굴이 벌겋게 달아오른 나는 마우스의 좌우 버튼을 정신없이 눌러댔다. 온 몸에서 진땀이 삐져나왔다. 그러나 금발은 조금도 자세를 흩뜨리지 않고 나를 보고 계속 생글댄다. 집사람은 당황하는 내 모습과 홀딱 벗은 금발을 함께 지켜보기가 민망스러웠던지 한마디 남기고 자리를 피했다.

"왜 컴퓨터 앞에 밤늦도록 붙어 있나 했더니……. 혹시나 했더니, '역시나'네."

자식이 제 엄마한테서나 들어 마땅할 꾸중(?)을 듣고 나니 졸지에 내가 파렴치 가장으로 추락한 느낌이었다. 그동안 가장으로써 쌓아놓은 그 알량한 권위를 한 순간에 모두 날려버린 느낌이어서 세모의 기분이 여간 떨떠름한 게 아니었다. 갑자기 억울하다는 생각이 울컥 치밀었다. 섬 사진 사이사이에 누드가 끼어 있을 줄이야……. 그러나 집사람에게 궁색한 변명은 하고 싶지 않았다. 나는 굳게 침묵하고 잠자리에 들었다.

나는 법에 억울함을 호소하기로 했다. 법이 능히 나의 억울함을 대변해줄 것이라 굳게 믿었다. 재판관 앞에 나섰다. 원고인 나는 당당하게 자초지종을 설명했다.

재판관: 과거 경험에 비추어 이런 결과를 초래하리라고 전혀 예측하지 못했습니까?
원고: …….
재판관: 왜 갑자기 벙어리가 됐소? 도대체 뭣이 억울하다는 거요? 집 사람한테 보다 들킨 게 억울한 거요?

원고: 받은 이메일 열어 보는 게 무슨 잘못입니까?

재판관: 누가 잘못이라고 했소? 억울한 일을 또 당하지 않으려면 다음 둘 중 하나를 선택하시오. 이메일 발신자에 '보암직한' 내용은 사절한다고 점잖게 통고 하거나, 그럴 자신이 없으면 수상한 이메일은 열지 말고 아예 지워버리시오. 과속을 상습적으로 하는 운전자가 딱지를 떼이게 마련이요.

원고: 예술과 외설의 한계가 모호하지 않습니까? '보암직한' 예술도 있지 않습니까?

재판관: 이번 사건처럼 혼자 보다 누가 오면 후닥닥 가리고 싶은 건 외설, 떳떳이 같이 볼 수 있는 건 예술이요. 몰라서 묻소?

원고: 재판관님! 원고를 피고로 착각하신 게 아닙니까? 어찌 저를 피고처럼 다루십니까?

재판관: 원고의 억울함을 풀어 줄 법적 근거가 없기 때문이요. 당신의 행위는 미필적 고의에 의한 행위가 인정되어 오히려 유죄가 성립되오. 자신의 행위로 인해 어떤 결과가 발생하리라는 예측이 가능함을 인지하고도 그 행위를 저질렀다면 그건 유죄로서 처벌 대상이요. 재범 하지 않도록 조심하시오. 집행유예 6개월을 선고 하겠소. 당해도 싸지, 싸!

"원고에게 집행유예가 웬 말입니까? 억울합니다!" 나는 재판관에게 목젖이 빠져라하고 악악대며 항의했다. 깨어보니 꿈이었다. 억울함이 어둠과 함께 사라지고 어느새 새벽이 창가에 다가와 있었다.

소유적 동물?

약속 시간이 30분이 지나도록 샘(Sam)은 나타나지 않았다. 은행 입구에서 계속 나를 주시하던 선글라스의 백인 경비원이 결단을 내린 듯 성큼성큼 내게 다가왔다. 그는 바른 손을 옆구리에 찬 권총에 얹은 채 위압적인 어투로 나에게 명령했다.

"볼일이 없으면 당장 여길 떠나!"

나는 산타아나의 한 BOA 지점에서 노숙자인 샘의 저축계좌 개설을 돕기로 약속을 했었다.

샘은 62세의 중국계 캄보디아인이다. 5피트 조금 넘는 땅딸막한 키에 몸무게는 170파운드쯤 나간다. 그를 처음 만난 곳은 주일 아침마다 베델한인교회가 노숙자에게 아침을 제공하는 산타아나 시청 주차장 급식 현장에서였다. 2백 명에 가까운 노숙자 가운데 그가 나의 관심을 끈 것은 코를 찌르는 지독한 체취와 비닐 주머니가 주렁주렁 매달린 쇼핑 카트 때문이었다. 나는 교회 노숙자 돕기 사역에 자원봉사자로 참여하고 있었다.

샘은 땀과 때에 절어 반질반질해진 갈색 점퍼를 입고 다닌다. 한여름에도 점퍼의 지퍼는 항상 턱 밑까지 채워져 있다. 8개월 남짓 지켜보았지만 그는 한 번도 옷을 갈아입지 않았다.

샘의 쇼핑 카트에는 쓰레기통을 뒤져 모은 알루미늄 캔, 플라스틱 용기와 유리 병 등 재활용품을 담는 세 개의 비닐 주머니가 매달려 있다. 그는 수거한 재활용품을 팔아 하루 25달러쯤 번다. 알루미늄 캔을 파운드당 $1.65, 플라스틱은 95센트, 유리병은 11센트를 받는다. 25달러를 벌자면 눈만 뜨면 쓰레기통 속에서 살다시피 해야 한다.

샘과 대화를 트고 2개월쯤 지난 어느 주일 아침, 그가 나를 살그머니 불렀다. 그는 점퍼의 지퍼를 조금 내리더니 점퍼를 살짝 펼쳐보였다. 7백 달러를 주고 샀다는 금 목걸이가 목에 걸려있었다. 그는 목걸이를 강도가 낚아채는 바람에 목에 상처를 입은 적이 있다고 털어놓았다. 그가 점퍼를 새로 구해 입고 지퍼를 턱 밑까지 바짝 올려 채우는 버릇은 바로 그 강도 미수사건 이후부터 시작되었다고 했다. 금 목걸이를 가리기 위해서였다.

샘은 이어 지갑 안에서 꼬깃꼬깃 접은 낡은 종이를 꺼내 펼쳐 보여주었다. 입금 날짜와 금액이 육필로 적힌 전표였다. 총 입금액이 7천 달러가 조금 넘었다. 식당을 경영하는 캄보디아 동포가 그의 형편을 이해하고 현금을 보관해준다는 것이었다. 그는 안전하다고 하지만 수납자의 이름도 서명도 없는 입금전표가 나는 도무지 미덥지 않고 불안하기만 했다. 노후를 위해 한 푼이라도 저축하려는 그에게 은행 저축계좌를 만들어주고 싶은 충동이 강하게 일었다. 나는 그에게 은행 계좌 개설을 제안했고 그는 흔쾌히 받아들였다.

아무래도 샘이 밤새 쓰레기통을 뒤지고 깜빡 잠에 떨어져 약속을 지키지 못한 것 같았다. 나는 은행을 떠나 그의 단골 휴식처인 산타아나의 메디슨 파크로 차를 몰았다. 샘이 이 파크를 애용하는 이유는 화장실에 문이 없고 카트의 출입이 용이하기 때문이다. 그는 다른 공원 화장실에서 용변을 보는 사이 하루 종일 수거한 재활용품을 카트와 함께 몽땅 도난당한 경험이 있다. 그 뒤 그는 용변 중에도 카트 감시가 가능한 문이 없는 이곳 화장실을 줄 곳 이용한다고 했다

파크에 차를 세우고 샘이 잠들만한 곳을 찾아 둘러보았다. 나는 곧 큰 나무 그늘 밑에서 잠든 그를 발견했다. 그는 엎어놓은 페인트 통에 동상처럼 앉아 잠들어 있었다. 앉아서 자는 것은 그의 새로운 잠버릇이다. 샘은 등을 바닥에 대면 불안감이 스멀스멀 일어나 잠이 싹 달아난다고 했다. 잠든 사이 재활용품이 든 카트를 잃은 뒤 나타난 증상이었다. 샘은 카트 걱정 없이 앉아서 단잠을 잘 수 있는 예방책을 고안해냈다. 10피트 쯤 되는 질긴 끈의 한 끝을 카트에 매고 다른 한 끝에 주먹이 들어갈 만한 고리를 만들었다. 잘 때에는 고리를 손목에 걸었다. 어느 도둑이 카트가 샘과 끈으로 연결되었다고 감히 상상이나 하겠는가?

샘은 그가 말한 대로 카트와 연결된 끈의 고리를 왼 손목에 걸고 코를 골고 있었다. 손목의 고리는 마치 소유의 올가미 같았다. 그는 소유욕이 인간의 원초적 본능임을 온 몸으로 보여주는 행위예술가처럼 보였다.

샘이 주일 급식현장에 나타나지 않은지도 벌써 몇 개월이 흘렀다. 감사절이 다가오고 있다. 가진 것들을 헤아리며 감사의 조건을 찾다 '사회적 동물'이라는 인간이 또한 '소유적 동물'임을 온몸으로 연기하고 사라진 샘의 모습이 문득 떠올랐다. 보이지 않는 소유의 올가미로부터 나도 벗어나고 싶다.

과유불급

20대의 한 외국인 여성이 좌판에 놓인 토마토를 열심히 고르고 있었다. 밋밋한 얼굴 생김새에 비해 유난히 우뚝 솟은 그녀의 서구적 콧대가 무척 인상적이었다. 토마토를 한 손에 들고 요모조모로 세밀히 뜯어보던 그녀가 뜻밖에 유창한 한국어로 중얼댔다.
"왜 이렇게 못생겼지?"
"어! 한국분이시네요? 자연산은 외모를 보고 판단하면 안 되죠. 못생겨도 맛은 끝내줍니다."
내가 말을 받자 그녀가 예의 큰 코를 한 손으로 가리고 호호 웃었다. 주말마다 개장하는 UCI 대학 인근의 자연산 농산물 장터에서 있었던 일이다.
예전에는 한 눈에 척 보고 한국인임을 백발백중 알아맞혔는데 요즘에는 가끔 빗맞는다. 거리에서 뿐만이 아니라 요즘 TV나 잡지에 등장하는 한국인도 곧잘 서양 사람으로 착각한다. 서구형의 큰 코가 족집게처럼 동족을 가려내던 나의 예리한 분별력을 혼란시킨 탓이다.
미용성형 붐을 타고 한국이 성형왕국으로 전 세계에 이름을 떨치고 있다. 부모로부터 받은 신체를 훼손치 않고 온전히 보전하는 것이 효의 시작이라는 효경의 가르침은 고리타분한 옛말이 되었다. 요즘에는 딸 고교 졸업 기념으로 코 성형을 해주는 부모도 있다고 한다. 사람들이 다 제 잘난 맛에 산다지만 외모만은 남들이 잘났다고 추어주어야 살맛이 나는 법이다.

　미의 기준이 서구화되면서 한국인의 관상학적 특징마저 홀대를 받고 있다. 과거에는 서구적 용모는 기피의 대상이었다. 여자 코가 서양 코처럼 오뚝하면 팔자가 세다고 했고 서양식으로 옴폭 들어간 눈은 음험한 인상을 준다고 싫어했다. 큰 키는 자랑거리는커녕 한복 맵시나 그르치는 감출 수도 없는 흠이었다.

　미용성형 붐은 경제적 여유로 성형이 대중화된 탓도 있지만 외모가 취직, 결혼, 사회생활 등 삶 전반에 지대한 영향을 미치는 한국적 풍토에서 비롯되었다. 무한 경쟁사회에서 보다 나은 용모가 생존경쟁에 유리하다면 성형 유혹에 귀가 솔깃해질 만도 하다. 이러다가 인공조미료 MSG가 음식 맛을 통일시켜버리듯, 브레이크 없이 질주하는 통제 불능의 자동차 같은 성형 붐이 한국인의 용모를 하나로 통일시키면 어쩌나 불안해진다. 이른바 '생얼' 들이 단합해 "생긴 대로!"를 외치며 역풍을 일으켜 순풍에 돛 단 성형 붐에 제동이라도 걸었으면 좋겠다.

　성형이 크게 유행하는 또 다른 이유로 한국인 특유의 '빨리 빨리' 기질도 한 몫을 거들었다고 믿는다. 오랜 투자 기간이 걸리는 내면 가꾸기는 포기하고 성형으로 단시간에 외모를 바꿔 자신의 주가를 높일 수가 있기 때문이다. 어느 세월에 독서하고 교양 쌓으며 잘 보이지도 않는 내면을 가꾸겠는가? 공들여 가꾸어 보았자 내보여주기도 힘들뿐더러 보여 달라는 사람도 별로 없는 내면이다. 인품 콤플렉스를 느껴서 외모처럼 경쟁적으로 인품을 갈고 닦는 '인품성형' 붐이 일어난다면 얼마나 좋으랴만……. 외모가 판치는 세상은 공허하다.

　성형이라면 흔히 코 세우고, 쌍꺼풀 만드는 등의 미용성형을 떠올리는데, 그것은 성형외과의 한 분야에 불과하다. 성형의 목적은 모든 신체 부위의 기형이나 손상을 교정하거나 재건해서 정상적 사회활동을 할 수 있도록 돕는 것이다. 용모 경쟁을 하듯 평균 수준의 멀쩡한 얼굴마저 뜯어고치는 지나친 성형 붐은 기형적 현상이다.

인간이 자연의 한 구성원이라면 성형도 자연 파괴행위가 아닐까? 천혜의 자연 유산이 많은 캐나다 여행 때 느낀 점이다. 태고의 신비가 느껴지는 자연 속에서 가장 눈에 거슬리는 것은 원시림 사이를 꿰뚫어 놓은 포장도로, 또 그 위를 내달리는 관광버스와 관광객인 나 같은 인간들이었다. 인간이 자연에 베풀 수 있는 최상의 은총은 자연을 자연 그대로 놓아두는 것이다. 자연은 자연이기 때문에 아름답다.

창조주가 지어낸 최고의 걸작이라는 인간이 인간에 의해 마구 훼손당해도 인간은 수수방관이다. 인간은 100% 인공(?)이므로 개선의 여지가 많은 존재이기 때문일까? 자칫 지나치면 자연미의 원천이 되는 조화와 균형이 깨져 어딘가 어색해 보이고 눈에 거슬리는 게 성형이다. 내가 미용성형 전문의라면 진료실 입구에 다음의 경구를 크게 써 붙이겠다.

'과유불급'

"노우 땡큐"

남이 베푸는 호의를 사양하기가 생각처럼 쉽지 않다. 별생각 없이 사양했다가는 오해를 사고 자칫하면 관계마저 서먹해진다. 그래서 달갑잖은 호의도 때로는 "땡큐"하고 받아들이게 된다. "노우 땡큐"(No, thank you.) 한마디 하면 간단히 해결될 노릇인데, 미국에서 이게 제대로 통하지 않으니 문제이다.

사양하는데도 악착같이 호의(?)를 베풀고야마는 사람들이 있다. 본인은 호의를 베푼다고 생각하지만 도대체 누구를 위해 베푸는 호의인지 자못 헷갈린다. 정중하게 사양하면 섭섭한 마음이 좀 들더라도 호의를 거두어들이면 좋으련만……

한 친지로부터 종합 비타민을 선물로 받은 적이 있다. 평소 보약이나 영양제 따위를 먹지 않는 편이어서 처음부터 정중히 사양을 했다. 거듭 사양을 하는데도 "건강에는 비타민이 최고"라며 막무가내로 안겨주는 바람에 도리 없이 받아두었다. 달갑잖은 호의도 입고나면 부담스럽고 빚지는 기분이 들기는 마찬가지이다. 고맙다는 인사도 당연히 챙겨야 한다.

집에 와서 비타민 병에 붙은 레이블을 보니 100정 들이에 만기일이 불과 한 달도 채 남지 않았다. 레이블에 하루 한 알씩 먹으라고 적혀 있으니 석 달 남짓 먹어야 할 판이었다. 만기일이 지나는 순간 비타민이 갑자기 변질되지는 않겠지만 그런 걸 가지고 생색을 내며 베푼 호의(?)가 좀 야속하게 생각되었다. 집에도 비타민이 남아도는 판국에 만기일 전에 다 처분할 뾰족한 방도가 떠오르지 않았다. 이웃과 나눠먹을 수도 없고 나의 고민거리를 호의로 포장해서 남에게 슬쩍 떠넘길 수도 없는 노릇이었다. 단호하게 거절하지 못하고 우물쭈물 하다 고민거리를 하나 얻은 셈이었다.

 머리를 한참 쥐어짜다보니 아이디어가 떠올랐다. 사람의 몸에 좋다면 나무에게도 좋지 않겠는가 하는 생각이 들었다. 영양 부족으로 쇠약해진 뒷마당의 귤나무가 눈에 확 들어왔다. 귤나무 주변을 파고 비타민을 묻어주었다. 올해 가지가 찢어지게 튼실한 열매를 맺을 것 같은 예감이 든다.

 호의를 거절 못해 공연한 치다꺼리도 해보았다. 한식 음식점에서 친지들과 점심을 했다. 자리를 뜰 즈음 한 친지가 웨이터에게 먹다 남은 아귀찜을 싸달라고 부탁을 했다. 그가 아귀처럼 아귀찜을 잘 먹는다더니 집에 갖고 가려나보다 생각했다. 그런데 예상을 깨고 그는 아귀찜 꾸러미를 내 손에 들려주었다. 먹을 때 보니 내가 아귀찜을 맛있게 먹더라는 것이었다. 나는 이미 먹은 것으로 충분하다고 사양했다. 그는 단호히 사양하는 나를 "지나친 사양은 교만"이라며 결코 용납하지 않았다. 마침내 나는 두 손을 들고 잘 먹겠노라고 고개 숙여 인사를 했다.

 나는 다음 약속 때문에 네다섯 시간 아귀찜을 차에 싣고 다녀할 형편이었다. 다음 행선지를 향해 프리웨이에 올랐다. 먹을 때는 몰라도 먹고 나면 코에 거슬리는 게 한국음식 냄새 아닌가. 차 안에서 아귀찜 냄새가 진동하기 시작했다. 어차피 먹지 않을 음식이라면 차에 싣고 다니다 집에 가서 버릴 이유가 없었다. 집에 들고 가보았자 먹을 사람이 있는 것도 아니었다. 나는 프리웨이를 빠져나와 쇼핑몰 쓰레기통에 아귀쎰을 밀어 넣었다.

호의 때문에 속을 상한 적도 있다. 한 친지의 집을 방문했을 때 부인은 남편의 머리를 깎고 있었다. 남편 머리 손질을 마친 그녀는 내 머리를 멋지게 다듬어주겠다고 제안했다. 나는 아이들처럼 싫다고 요리조리 피하다가 결국 의자에 앉혀지고 말았다. 이발로 말할 것 같으면 나는 지난 20년간 일편단심 한 이발사에게 머리를 내맡겨온 터였다. 앞에 거울도 없는 상태에서 그녀는 제 맘에 드는 스타일대로 내 머리를 손본 뒤 "한결 핸섬해지셨네."하며 만족한 웃음을 지어보였다. 집에 와서 비로소 거울로 내 뒤통수를 살펴보고 나는 속이 상했다. 아내는 한 일주일쯤 지나면 괜찮아질 거라고 나를 위로했다.

왜 사람들은 호의를 거부당하면 마치 자신이 거부당한 듯 언짢은 감정을 드러내는 것일까? 정이 많은 한민족이 그저 정 때문에 호의를 베풀려니 생각하면서도 그 심리상태를 가늠하기가 쉽지 않다. 앞으로도 나는 호의를 베풀겠다는 사람들을 당해낼 자신이 없다.

미안하다, 귤나무여!

 귤나무여! 눈을 씻고 보고 또 보아도 잎사귀뿐이네. 골프공만한 열매들을 주렁주렁 달고 있어야 할 이 가을에 이게 무슨 변고더냐. 때가 되면 꽃이 피고 열매를 맺는 자연의 섭리를 털끝만치도 의심치 않았는데 이토록 큰 실망감을 안겨주다니……. 좀 부풀려 표현하자면 배신감마저 느껴지는구나. 이사 들고 지난 8개성상 은밀하게 내가 얼마나 너를 아끼며 즐겼는지 너는 잘 알고 있잖아.
 처음 너를 맛본 이래 나는 측근 몇을 제하고는 집 뒷마당 한구석에 자리한 너의 존재를 쉬쉬하며 비밀에 부쳐왔다. 달콤새콤한 네 맛에 쏙 빠져 너를 독점하고 싶은 욕심이 솟은 탓이었지. 잘 익은 성성한 귤을 나무에서 직접 따 먹는 맛은 그야말로 입맛이 곧 살맛이었다. 그래서 나의 한 측근은 너 없이는 내가 살맛이 떨어져버릴 것이라고 놀리기도 했다. 설마 네가 이 소리를 엿듣고 "나 없이 한번 견뎌 보라."고 올해 소출을 유예한 건 아니겠지.
 이 모든 나의 원성도 너에게는 다 헛소리요, 넋두리처럼 들릴 것 같아. 아무래도 답답한 네 속사정을 들어주는 것이 주인 된 도리가 아닐까싶네. 어디 네 소리를 한번 들어 보자.
 나를 끔찍이 아꼈다는 나의 주인이여! 그동안 그저 입으로만 나를 끔찍이 아껴왔네. 먹는데 아이, 어른 구분이 어디 있으랴마는 나를 아끼며 즐기는 모습을 보면 참 어린애 같았어. 서둘러 따 먹고 싶은 충동을 용케 억누르고 내가 노랗게 무르익는 12월까지 참고 기다렸다 내게 다가오지 않았어. 맘에 쏙 드는 잘 익은 놈을 두엇 골라 껍질을 벗겨 입안에 넣고 우물거릴 때의 모습이 그렇게 행복해 보일 수가 없었어. 인간이 아주 하찮은 일로도 쉽게 행복을 느끼는 존재라는 사실을 새삼 깨달았지.

작년에는 내가 좀 미안한 생각이 들었어. 소출이 예년에 비해 반도 채 안 되었던 것 같아. 몇 개 따 먹고 나서 재고조사를 할 수 있을 정도였으니까. 글쎄 모두 백 개나 달렸었을까. 그걸 새해 벽두까지 버티며 즐기려니까 재고조사를 하는 것도 무리가 아니야.

두 번 재고에 차질이 생긴 적이 있었지. "정원사가 잔디 깎으러 왔다가 삥땅을 했나?"하고 중얼대지 않았어. 뒤늦게 새들의 범행으로 밝혀져서 참 다행이었어. 새들 입맛도 사람 뺨쳐. 나무 아래 새가 쪼아 먹다 버린 귤이 아니었다면 정원사가 누명을 쓸 뻔했거든.

그런데 왜 새삼스레 실망감을 드러내는지 도통 모르겠네. 이미 봄부터 빤히 알고 있었잖아. 꽃향기 한창이던 봄철, 꽃도 못 피우고 벌서듯 서 있는 나를 보고 뭐라고 중얼댔지.

"이게 늙어서 갈 때가 됐나? 오렌지 향기가 바람에 날리기는커녕 꽃도 안 피네."

그때 열매 맺지 못할 줄을 빤히 알면서도 왜 가을을 기다렸어. 열매 맺지 못하는 나무는 찍어버려야 한다는 소리 듣고 주인 잘못 만나 내 신세 망치는구나 했지.

나도 사랑과 정성을 먹고 사는 생명체거든. 비료는커녕 스프링클러에 떠맡겨놓고는 목이 타는 나에게 물 한번 흠뻑 줘 봤어. 귤나무인줄만 알지 내가 무슨 품종인지 알기나 해. 재배법에 관해서도 깜깜절벽이잖아. 나에 대해 아는 게 뭐 있으며 나를 위해 해준 게 뭐 있어. 그러고도 무슨 염치로 때 되면 열매를 거둘 생각을 했어?

　건강도 건강할 때 잘 돌보고 차도 잘 굴러 갈 때 잘 정비해 주어야 고장이 안 나는 법 아냐. 심기만 하고 돌보지 않는 것은 직무유기야. 수확이란 시간, 땀, 정성을 거두는 행위야. 돌아가신 모친께서 하시던 말씀 벌써 잊었어?

　"생명 있는 것들은 아무렇게 키우는 게 아니다. 사랑으로 돌볼 생각 없으면 애당초 키울 생각 마라."

　주인 잘못 만난 귤나무여! 네 속사정을 듣고 나니 너에 대한 실망감, 배신감이 모두 나의 죄책감으로 변해버렸네. 돌아보니 모두 내 탓이야. 회개하는 마음으로 사죄하겠어.

　귤나무여! 미안하다. 한번만 봐 다오. 너를 위해 최선을 다해 봉사하는 새 주인으로 거듭날 터이니 부디 다시 나의 희망이 돼 주렴. 내 약속을 믿고 내년에는 가지가 찢어지게 풍성한 열매를 맺어다오. 이웃과도 함께 나누는 기쁨을 누릴 수 있도록.

버릴까, 말까?

 올 새해 다짐은 '줄이기'. '불필요한 소유물을 줄여가며 살기'를 줄인 말이다. 다짐부터 짧게 줄이고 출발했다. '줄이기'가 한번 하고 손을 뗄 수 있는 다짐이 아니고 보면 용두사미가 되더라도 나약한 의지를 자책하지는 않을 생각이다.
 지난 연말부터 아예 방안에 쓰레기통과 새로 구입한 서류 파쇄기를 들여다 놓고 작업을 시작했다. 아내의 손을 빌려 손쉽게 할 수 있는 옷장 정리는 일단 뒤로 미루고 적잖은 시간을 요구하는 책상 서랍 정리부터 손대기로 했다. 서랍마다 지난 30여 년간 모은 각종 서류, 스크랩 자료, 옛 편지, 사진, 소소한 수집품 따위로 가득 차 있다. 내가 살아 있는 동안 내가 손대지 않으면 누구도 손대지 못할 것들이요, 내가 세상을 뜨는 순간 쓰레기 신세로 운명을 마감할 나의 소유물들이다.
 스크랩 자료의 대부분은 쓰레기로 분류되었다. 옛 서류들도 상당량 파쇄기 속으로 사라졌다. 한 때 소중하게 여겼던 사진들을 미련 없이 버릴 수 있었다는 사실에는 나도 놀랐다. 그러나 살아남아 다시 서랍 속으로 되돌아간 것들도 적잖다. 내가 한껏 양보해서 느슨하게 책정한 '정서적 가치'라는 틀에서 끝내 빠져나오지 못한 것들이다. 하기야 '정서적 가치'를 빼면 내 물건들이 도대체 무슨 대단한 가치가 있겠는가?
 서랍 속에서 돌돌 말린 하얀 손수건 한 장이 튀어나왔다. 손수건을 풀어헤치자 담겨있던 이야기가 솔솔 풀려나왔다. 한쪽 귀퉁이에 국화를 수묵화로 그리고 '勝'자 낙관을 찍은 손수건이다. 1976년 미국 이민 길에 오를 때 송별기념으로 받은 것이다.

이민 직전까지 5년 남짓 근무한 서울의 한 일간지 기자로 일할 때였다. 청진동에 신문사 동료들과 단골로 드나들던 '가락지'라는 맥주집이 있었다. 술값도 그다지 부담스럽지 않고 분위기도 좋아 타사의 기자들과 문인들도 즐겨 찾던 곳이었다.

승미(勝美) 양은 그 곳에서 저녁시간 일하던 여종업원이었다. 단골이 된 우리들은 곧 그녀가 서울의 모 대학 의상학과 재학생이라는 사실을 알게 되었다. 밝고 반듯한 외모에 빈틈없는 행동거지와 재치 있는 말솜씨로 그녀는 신문기자들의 좋은 말상대가 되었다. 그녀는 홀어머니 밑에서 자란 삼남매의 맏이였다.

나는 술자리를 뜰 때면 주머니 형편에 따라 천원 또는 5백 원을 손에 쥐어주고는 했는데 "미안해"하고 말로 때운 적도 있었다. 1975년 크리스마스이브에 큼직한 케이크를 하나 사들고 집으로 향하다 '가락지'에 들러 케이크의 반을 승미 양에게 떼어주었던 기억이 난다.

내가 고국을 떠나기 전 마지막으로 '가락지'를 찾은 날, 승미 양으로부터 뜻밖의 송별선물을 받았다. 항상 동생처럼 편히 대해준 데 대한 고마움의 표시라고 했다. 선물은 사군자인 매화, 난초, 국화 및 대나무를 하나씩 수묵화로 그려 넣은 네 장의 손수건이었다. 꽤 갈고 닦은 솜씨와 정성이 깊게 스민 수묵화였다.

"본래 '美'자를 낙관으로 써요. 그런데 손수건에는 '勝'자 낙관을 새로 만들어 찍었어요."

내가 그 연유를 묻자 그녀가 대답했다.

"혹시 부인께서 오해를 하시면 어쩌나 해서요." '美'를 쓰면 여자한테서 받은 선물로 오해를 사기가 쉽지 않겠느냐는 것이다. 나는 그녀의 세심한 마음 씀에 고개를 크게 끄덕여주었다.

나와 함께 미국에 건너온 네 장의 손수건 가운데 매화와 난초는 아내에 의해 징발당해 당시 다니던 교회의 담임목사님께 선물로 전해졌다. 아내는 수묵화가 마음에 든다고만 할뿐 손수건의 출처나 낙관에는 전혀 관심이 없었다. 나는 목사님이 가끔 그 손수건을 꺼내 코를 푸실 때면 승미 양에게 좀 미안한 마음이 들곤 했다.

그런데 이민 몇 년 뒤 신문사 입사동기인 K가 취재차 미국에 왔다가 나와 재회하면서 뜻밖에 승미 양을 화제에 올렸다. 내가 출국할 당시 김포공항 출입 기자였던 K가 나를 배웅하고 공항기자실로 돌아가던 길에 멀찌감치 떨어져 말없이 나를 배웅하고 있던 승미 양을 보았다는 것이다.

정이 요즘보다는 더 귀하게 여겨졌던 시절의 따스하고 정겨운 옛 추억이다. 여전히 작은 정에 연연하는 나의 '줄이기'는 육체를 버리고 떠나는 순간까지 계속될 것 같다. 모으지 않으면 버릴 것도 없으련만 정이 배인 물건을 모으지 않고도 살아갈 수 있으려나?

추신: 입사동기 K는 권영길 형. 경남 산청 출신으로 경남고와 서울대 농대를 나온 그는 서울신문 첫 프랑스 파리 특파원을 거쳐 노동운동에 참여하여 언론노동조합연맹 초대위원장과 민주노총 초대위원장을 지냈다. 이어 민주노동당 초대 대표, 국회의원을 거쳐 세 차례 대통령 선거에 출마한 경력이 있는 노동운동과 진보청치의 주역이자 대부. 술 앞에 장사였던 그에게 동기들이 부여한 별칭은 '권통'. 통이 크고 품이 넓으며 정이 많고 생각이 깊은 그에게서 언뜻 대통령 풍취를 감지했기 때문이었다.

벌레와의 경쟁

 지난 6월 뒷마당 화단의 잡초를 뽑다 우연히 덩굴딸기 한 그루를 발견했다. 새빨간 딸기 한 송이를 달고 있지 않았더라면 잡초려니 하고 무심코 뽑아버렸을 것이다. 전 집주인이 심어놓은 것 같았다. 딸기는 체리 크기로 자그마한데 그나마 벌레에게 먹혀 옴폭 패인 자국이 남아 있었다. 버릴까 하다 먹어보니 달콤새콤한 맛과 짙은 향이 요즘 표현대로 '환상'이요 '예술'이었다. 그 뒤 수확량이 지극히 저조한 이 딸기는 내 미각의 총애를 받기 시작했다.
 나는 이틀이 멀다 하고 출근 전 뒷마당에 나가 딸기 사냥을 벌였다. 그런데 먹음직스레 익은 딸기들은 대부분 '집 없는 달팽이', 쥐며느리 따위의 벌레들이 선점하고 있었다. 가끔 벌레가 먹고 있는 딸기를 가로채 물에 닦아 먹어 보면 역시 맛이 일품이었다. 벌레들도 인간 뺨치는 미각을 소유한 것 같았다. 이 맛 좋은 유기농 딸기를 더 이상 벌레들에게 양보할 수는 없었다. 나는 벌레들과 소리 없는 경쟁을 벌이기 시작했다.
 야무진 나의 각오에도 불구하고 나는 번번이 벌레들에게 당했다. 벌레와의 경쟁에서 이기는 길은 오로지 이들에게 당하기 전 선수를 치는 것이었다. 그러나 선수를 쳐서 입에 넣은 딸기는 설익어 번번이 입맛만 버려놓았다. 서두르거나 부지런을 떤다고 해결될 문제가 아니었다. 벌레들은 나와의 경쟁에서 결코 서두르지 않았다. 놈들은 밤잠도

자지 않고 딸기 곁을 끈기 있게 지키다 제 맛이 든 때를 귀신 같이 알아채고 덮치는 모양이었다.

　나는 고심 끝에 살충제로 경쟁 상대를 제거하기로 작정했다. 미물 주제에 어디 감히 만물의 영장인 인간의 양식을 탐하다니……. 놈들의 괘씸죄는 죽여 마땅해 보였다. 그러나 이 계획은 곧 백지로 돌아갔다. 내 눈으로 확인하고 보증하는 자연산 유기농 딸기를 살충제로 오염시킬 수가 없었다. 또 아무리 생각해 보아도 이건 만물의 영장이라는 인간이 취할 도리가 아니요, 창조 섭리와 페어플레이 정신에도 어긋나는 치사한 짓거리 같았다.

　나만 먹겠다고 대자연의 한 구성원인 생명체를 제거할 음모를 꾸미다니……. 인간에게 해를 끼친다고 해충인가? 해충인 모기도 그 애벌레인 장구벌레를 먹이로 하는 물고기 보기에는 익충 아닌가? 모든 생명체는 창조주 하나님의 작품인데, 어떻게 인간이 주관적 판단에 따라 해충의 낙인을 찍어 그들의 생존권을 박탈할 수 있는가? 인간의 탐욕 때문에 지구상에서 멸종된 생명체는 얼마나 될까? 인간처럼 탐욕스런 존재가 천하에 또 어디 있을까? 인류사에도 강자의 탐욕에 희생당한 약자는 또 얼마나 많은가? 더불어 사는 지혜가 참으로 아쉬운 요즘 세상에 벌레들은 나에게 큰 교훈을 안겨 주었다. 나의 적이 공공의 적이 아니요, 나에게 원수라고 만인의 원수도 아니다.

　나는 뒤늦게 인간의 체통을 되찾았다. 벌레들은 나의 맛 감정사요, 내가 먹을 딸기의 품질보증인과 같은 존재이다. 경쟁의 관계에서 공생의 관계로 바꾸어 살기로 했다. 생태계 파괴의 주범인 인간은 더 이상 지구의 주인이 아니며, 지구는 탐욕에 가득 찬 인간만이 사는 삶터가 아니다. 벌레 없는 세상은 얼마나 살벌할까? 지상의 모든 생명체는 생존권을 갖고 있다.

세 개의 레인

 때 아닌 가을 비 탓인가? 헬스클럽의 수영장이 텅 비었다. 세 개의 레인이 모두 나를 기다리고 있었다. 선택의 여지가 어디 있겠는가. 중앙 레인으로 풍덩 뛰어들었다.
 내가 선호하는 레인은 단연 중앙 레인이다. 좌우 레인은 벽 때문에 중앙에 비해 선호도가 밀린다. 한 레인을 보통 2명이 이용하지만 좌우 레인에 비해 폭이 좁은 중앙 레인은 끼어드는 수영객이 거의 없는 편이어서 홀로 편히 수영을 즐길 기회가 많다.
 레인을 함께 쓴다는 것은 다소 불편하고 신경이 쓰이는 일이다. 수영을 하다 보면 몸이 서로 부딪히거나 상대 발에 채이기도 하고 물장구치는 수영객을 만나면 물세례도 각오해야 한다. 수영으로 스트레스 풀고 기분 전환하려다 기분을 잡쳐버린다.
 개구리 수영에 한창 몰입하고 있을 때였다. 잔잔하던 내 레인에 갑자기 거친 물결이 일었다. 거구의 중년 백인이 내 레인에 끼어든 탓이다. 그는 손을 흔들어 나에게 전입을 신고한 뒤 배영으로 물살을 가르기 시작했다. 평화롭던 중앙 레인은 그의 개입으로 평화 무드가 깨지고 말았다.
 잔잔하던 나의 마음에도 풍파가 일기 시작했다. 프라이버시를 침해 당한 기분이었다. 좌우 레인이 비었는데도 기어코 나의 레인에 끼어드는 얌통머리 없는 행위를 도무지 이해할 수가 없었다. 나의 존재를 무시해 버렸나? 나를 밀어내기로 작심했나? 심심해서 말동무를 찾아 끼어들었나?

　이 생각 저 생각을 하며 수영을 하다 보니 은근히 화가 치밀었다. 지각없는 행동에 대해 따끔하게 한마디 하고 넘어가고 싶었다. "이 봐요. 좌우 레인이 저렇게 텅 비어 있는데……." 나는 애써 미소를 지어보이며 '거구'에게 호소하듯 말했다. "알고말고요. 사람이 많을 때엔 한 레인을 두 명 이상도 쓰잖소." 전혀 문제가 될 게 없다며 씩 웃는 그를 몰아낼 정당한 묘안이 떠오르지 않았다. 헬스클럽 내규에 레인 이용자 숫자에 관한 규정이 있는 것도 아니어서 결국 불만을 품은 내가 문제인 셈이었다.

　"양보하자. 그가 중앙 레인을 원한다면 나는 좌측 레인을 택하지." 조카 롯에게 거주지 선택 우선권을 주고 가나안에 이주한 성경 창세기의 아브라함을 떠올리며 나는 기꺼이 좌측 레인으로 옮겨갔다. '굴러온 돌이 박힌 돌 뺀다.'는 우리 속담처럼 억울하게 밀려난다는 느낌이 들기는 했지만 양보를 하고나니 속이 편해졌다.

　마음의 평정을 되찾고 다시 수영에 몰두할만한 때였다. 잔잔하던 내 레인에 물결이 또 크게 일었다. 어느 틈에 근육질의 흑인 청년이 들어와 있었다. 나는 우측 레인을 흘끗 넘겨다보았다. 그곳은 여전히 비어 있었다. 이 친구 심보는 또 무엇인가? 그는 물장구를 크게 일으키며 자유형을 하기 시작했다. 작은 혹 떼려다 큰 혹 붙인 격이었다.

　마음을 비우고 훌쩍 우측 레인으로 옮겨가면 만사가 형통할 듯싶었다. 텅 빈 우측 레인이 나를 어서 오라고 유혹하고 있었다. "한 번 양보 했는데 두 번 못해?" 그러나 두 번씩이나 양보한다는 사실을 나는 쉽게 용납하지 않았다. 말이 양보지 경쟁에서 계속 밀려난다는 느낌을 지울 수가 없었다. 만약 옮겨간 우측 레인에서 또 양보한다면 수영장을 떠나는 도리밖에 없을 것이었다. 우측 레인으로 갈까 말까를 놓고 잠시 고민에 빠졌다. 아무래도 나의 양보는 미덕은커녕 현실도피 같았다.

나는 우측 레인의 유혹을 단호히 뿌리치고 '거구'가 독점하고 있는 중앙 레인으로 되돌아갔다. 나는 서툰 자유형으로 화풀이를 하기 시작했다. 10분쯤 마구 물장구를 쳐댔더니 온 몸이 나른해졌다. 수영을 멈추고 호흡을 고르다 '거구'와 마주쳤다. 그가 '돌아온 탕자' 맞듯 나를 반겼다. "내가 보고 싶어 돌아왔나?" 그가 짓궂게 웃으며 입을 열었다.

레인 끝에 서서 잠시 상념에 빠졌다. 공유해야할 레인을 함께 쓰는데 왜 이다지도 심사가 뒤틀릴까? 더불어 산다는 것은 무엇일까? 자신의 편의와 프라이버시를 지키기 위해 양보를 잊고 사는 것이 현대인들의 삶 아닌가. 서로의 편의를 조금씩 양보하고, 그 불편함을 감내하는 것-이것이 더불어 사는 인생의 지혜 아닐까?

소리가 크면 빨리 죽는다

 멋진 하얀 벽시계가 단돈 5달러. 서재로 쓰는 방에 마침 벽시계가 없던 터여서 냉큼 하나 집어 들었다. 배터리를 넣어 벽에 걸었다. '째깍 째깍' 시계가 세월 가는 소리를 요란하게 알리며 돌아가기 시작했다. 시계 초침 돌아가는 소리가 이렇게 큰 줄은 예전엔 미처 몰랐다. 째깍 소리가 귀에 거슬리기도 처음이다. 밤이 깊어 세상소리가 잦아들자 째깍 소리는 정적을 깨며 침실까지 스며들어왔다. 도저히 견뎌낼 재간이 없었다.
 '싼 게 비지떡'인데 싼 맛에 공연히 돈 버렸구나 싶었다. 누구에게 그저 주기도 그렇고 멀쩡한(?) 새 시계를 내다버리자니 그도 아까웠다. 소리 큰 시계를 유배시키기 위해 2층 집안을 둘러보았다. 다행히 마땅한 유배처를 찾아냈다. 아래층 화장실이다. 출근 전 항상 사용하는 화장실이어서 벽시계가 꼭 필요한 곳이었다. 화장실 벽에 시계를 걸어놓고 문을 닫아버리니 잠잠해졌다.
 유배된 벽시계는 출근 전 화장실에서 아침에 배달되는 한국일보를 읽는 버릇이 있는 나에게 직장에 늦지 않도록 큰 소리로 시간의 흐름을 알려주었다. 그런데 석 달쯤 지난 어느 날 시계가 죽어버렸다. 집안 다른 벽시계들은 새 배터리를 한번 넣으면 보통 이삼년은 거뜬히 버티는데 소리 큰 시계는 수명이 짧았다. 책상 서랍 속에 처박혀 있던 27년 된 전자 손목시계 하나는 죽지 않고 살아있어 요즘 다시 차고 다니는데 지금까지 배터리를 네댓 번 밖에 갈지 않았다. 이 액정 시계는 숫자로 시간을 알려줄 뿐 째깍 소리를 전혀 내지 않는다. 몸집 줄여 조용히 살면 장수하는 법이다.

  소리 큰 벽시계의 배터리를 갈아주었다. 이번엔 두 달을 겨우 버티더니 서버렸다. 세 번째는 달포 만에 요절했다. 아무래도 배보다 배꼽이 더 커질 것 같아 쓰레기통에 장사지내 주었다. 빈 수레처럼 소리만 요란한 시계였다.

  한정된 귀한 에너지를 소음 생산에 허비하면 빨리 죽는 게 당연하다. 시계의 사명은 '째깍' 소리를 내는데 있지 않다. 째깍 소리는 시계 작동의 부작용으로 인한 소음일 뿐이다. 배터리가 시계의 밥이고 보면 째깍 소리는 시계가 비싼 밥 먹고 내는 헛소리이다. 불가피하게 발생하는 소음에 소모되는 에너지를 극소화시켜야 시계가 오래 산다. 집안에 있는 벽시계 다섯 개의 배터리 수명도 째깍 소리의 크기에 따라 제각기였다. 시계의 수명과 품질은 소리의 크기에 반비례 하는 게 분명하다. 오래 사는 놈은 귀를 바싹 대어도 소리가 들릴 듯 말듯했다. 어디 시계뿐이랴. 인간도 마찬가지다.

  흔히 '목소리 큰 놈이 이긴다.'고 하는데 그런 사람은 오래 살기는 아예 글러먹었다. 목소리가 커서 항상 이익을 더 챙기고 안 될 일도 되게 만들어 기고만장할지 모르지만 큰 소리가 만수무강에 악영향을 끼친다는 사실이나 알고 그러는지 모르겠다. 큰 소리는 아까운 정력을 낭비시키고 감정격화로 정신건강을 해친다. 큰 소리는 스스로 '나는 빈 수레요, 소음과 같은 존재요, 단명합니다.' 하는 솔직한 고백과 다름없다. 큰소리칠 때 기분이 좋아지고 엔도르핀이 나온다면 결코 정상이 아니다.

  생명 같은 소중한 시간을 축내가며 소음을 만들어 세상을 시끄럽게

하다니……. 장수한 사람들의 비결을 들어보면 하나 같이 큰 소리 안 내고 조용히 산 사람들이다. 큰소리치고 사는 사람들이나 큰소리 치고 싶은 사람들은 소리 큰 벽시계가 주는 교훈을 곰곰이 한번 생각해 볼 일이다. "소리가 크면 빨리 죽는다."

수필과 인생의 완성도

지난 4년 반 동안 내 머릿속을 떠나지 않은 화두가 있다. 이 화두는 잊을만하면 한 달에 한 번 꼴로 어김없이 빚쟁이처럼 나타나 한동안 내 머릿속에 들어앉아 나를 지배했다가는 물러난다. 그간 나와 미운 정 고운 정이 들어 친숙해진 이 화두는 바로 '완성도'이다. 미주 한국일보 고정칼럼인 '주말 에세이'를 쓰기 시작하면서 나의 단골이 된 화두이다. 이제 또 컴퓨터 앞에 앉아 올해 마지막 에세이 원고의 완성도와 씨름하고 있다.

문학 용어로서의 '완성도'란 "문학 작품에 완벽이란 없다."는 전제 밑에 뿌리내린 개념이 아닌가 한다. "완성도가 높다"면 좋은 작품이라는 뜻이며 "완성도가 낮다"면 시답잖은 작품이라는 의미이다. 타고난 글재주나 글을 단숨에 쉽게 쓰는 재능이 없는 나는 시답잖은 글에서 벗어나려고 내 나름의 완벽을 지향해 안간힘을 다하고 있다.

그간 완성도를 끌어올린다는 일념으로 '주말 에세이'에 적잖은 시간과 열정을 쏟아부었다. 수필의 소재 선택, 주제, 구성, 문장 등 어느 하나도 만만히 다룰 수가 없었다. 여기에 감동과 재미, 지적 흥미나 인생의 의미 따위를 염두에 두고 글을 엮다보면 번번이 한계에 부딪혀 내 경험과 능력의 일천함을 절감하고는 한다. 아마 2백자 원고지 칸을 메우던 시절이라면 매번 엄청난 원고지가 쓰레기통에 들어갔을 것이다.

소재가 참신하다 싶어 몇 주 공들여 어렵사리 완성한 글에서 진부한 냄새가 풍겨 내버린 경우도 있고 몇 시간 원고와 씨름하다 마음에 꼭 드는 단어 하나를 겨우 건져내고 무릎을 친 적도 있다. 주제에 대해 이해의 폭과 깊이를 더하기 위해 관련 서적도 사서 읽었다. "잘 죽었다!"는 제목의 글을 쓰며 셸리 케이건의 '죽음'(Death)을 읽었고 용서에 관한 글을 쓰며 딕 티비츠 박사의 '나를 살리는 용서'(Forgive To Live)를 밤새워 탐독하기도 했다.

내 딴에는 최선을 다해 완성도를 끌어올렸다고 자부하더라도 독자들 보기에는 여전히 완성도가 낮아 관심을 끌지 못한 글도 있었을 것이다. 투자한 시간과 열정만큼 완성도가 높아진다면 얼마나 좋겠는가. 그러나 최선을 다해 완성도와 힘겹고 외로운 싸움을 벌이다 보면 스스로의 한계를 조금씩 뛰어넘어 완성도를 높여갈 수 있는 역량은 키워갈 수 있으리라 확신한다.

내 입에 붙어버린 완성도는 이제 우리 집의 화두가 되어버렸다. 요즘 아내는 나 못지않게 일상대화에서 '완성도'를 자주 입에 올린다. 아내는 완성도를 문학의 범주를 넘어 인생살이 전반에 걸쳐 폭넓게 적용하라고 주문한다. 아내는 불만을 '완성도'를 빌려 써서 표출한다. 나쁘다는 말보다는 귀에 별로 거슬리지 않고 감정을 상하게도 하지 않는 불만 표현 방식이 마음에 든다.

"긴 머리는 좋은 이미지의 완성도를 저하시킨다."는 메시지로 이발을 하게 만든다던가. "계단 카펫 청소의 완성도가 낮다."고 내가 맡은 집안 청소를 하도록 압력을 가하기도 한다. 때로 오해의 소지가 남아있는 쟁점에 대해서는 "대화의 완성도를 좀 더 높이자."며 내게 바싹 다가앉는다. 실수를 지적할 때에도 "완성도를 크게 그르쳤다."고 표현하면 자칫 붉어질 수도 있는 얼굴에 피시식 웃음이 떠오르게 된다.

곰곰 돌아보니 글의 완성도를 높인다는 구실로 남편으로서 마땅히 해야 할 일의 완성도를 소홀히 한 적이 한두 번이 아니었다. 작품 구상을 한다거나 원고 마감일이 다가왔다는 핑계로, 원고 교정을 본다는 이유로, 글 쓰다 머리를 좀 식혀야 한다는 구실 등으로…….

'주말 에세이' 집필을 계기로 남편 역의 완성도, 부부 대화의 완성도, 나아가 매사에 완성도를 높이기 위해 최선을 다한다면 결국 완성도가 높은 인생을 살게 되지 않겠는가? "완성도를 높이라."는 말은 비록 사람마다 최선의 기준은 다 다를지라도 "최선을 다하라."는 주문과 상통한다. 최선을 다해 추수감사절 식탁을 정성껏 마련한 아내에게 감사의 말을 전했다. "올해 칠면조 요리는 완성도가 매우 높았어." 아들 내외가 칠면조가 맛있다며 배불리 먹고 갔다.

욕설 문화

LA의 한 애프터스쿨에 맡겨진 다섯 살 한인 남아가 친구와 간식을 놓고 다투다 아무렇지도 않게 내뱉은 욕설이 최근 한인 언론에 크게 보도되어 화제가 되었다. 이 사실은 충격을 받은 한인 교사가 문제의 심각성을 깨닫고 카운티 아동보호국에 신고를 하는 바람에 매스컴에 알려졌다. "야, 미친 X아. 너 뒈져라." 문제의 아이는 부모가 부부싸움 때 자주 쓰는 말을 따라했다고 증언했다. 아이는 즉각 문제 부모로부터 격리되었다.

'고요한 아침의 나라'가 일상화되다시피 한 욕설로 시끄러운 '동방무례지국'이 되어버렸다. 얼마 전 한국을 방문했던 한 친구가 평생 들어보지 못한 욕을 바가지로 얻어먹은 체험담을 전하며 씁쓸한 웃음을 지었다. 그가 서울의 어느 야외 카페에서 당한 이야기였다.

그가 친지와 앉은 옆자리에서 고교생인 듯싶은 젊은 패거리가 와자지껄 떠들며 담배를 심하게 피워댔다. 담배 냄새를 못 견디는 그가 참다못해 조심스레 한마디 건넸다.

"미안하지만 담배를 좀 삼가주었으면 고맙겠어요. 내가 알레르기가 심해서요."

분명히 가는 말이 고왔는데 곧 들려오는 말은 토씨 빼고는 거의 욕이었다. 주로 지읒과 쌍시옷을 써가며 저희들 끼리 희희덕대며 욕을 주고받는데 어떻게 욕만 가지고도 완벽한 문장을 만드는지 신기할 정도였다. 또 희한한 현상은 욕설에 면역이 된 듯 인상을 쓰거나 핏대를 별로 올리지 않고도 자연스레 욕설을 내뱉는다는 점이다. 그들은 마치 욕설의 달인들 같았다고 한다. 담배 냄새가 싫으면 자리를 뜨라는 게 그들 욕설 대화의 요지였다.

"요즘 젊은 애들 말투가 좀 탁해. 욕설 세대잖아. 잘못 건드리면 봉변이나 당해."

그의 친지가 대수롭지 않은 일인 듯 내뱉었다. 친구는 한바탕 욕설로 반격하고 싶은 충동을 '웃물이 맑아야지.' 하며 겨우 자제했다고 고백했다.

내가 대화를 나눈 한국 유학생들에 따르면 지난 10여 년 동안 한국의 초중고, 대학생을 포함한 젊은 세대에 광범위하게 욕설문화(?)가 자리 잡았다는 것이다. PC방, 인터넷 게임과 채팅, 휴대폰 문자 메시지로 훈련된 이들 세대는 익명성을 방패삼아 체질화 시킨 원색적인 욕설을 별 거리낌 없이 술술 쏟아놓는다고 한다.

인터넷이 민주주의 요체인 대화와 토론의 장으로 자리를 잡은 지 오래다. 그러나 대낮 대로에서 방뇨하듯 부끄러움도 모른 채 욕설로 주고받는 인터넷 논쟁들을 보노라면 한국의 민주주의가 뒷걸음치고 있다는 느낌이 든다. 사이버 폭력은 간혹 악플(악의적 댓글)이 사람을 잡을 정도로 육체적 폭력보다 더 파괴적이다.

한국의 보수와 진보 양 진영이 벌이는 사이버 논쟁 판에 들어가 본 적이 있다. 그 곳은 원색적 욕설과 육두문자의 경연장이요, 훈련장이며 욕구불만의 하치장이다. 상대 진영에 반대 의견을 달려면 몰매 맞고 쫓겨날 각오를 해야 한다. 반대 의견에 대해서는 "여기가 어딘데 X같은 새끼가 겁도 없이 감히 주둥이를 까느냐?"며 욕설을 퍼붓는다. 체면, 예의, 인격 따위의 단어는 익명이란 이름하에 실종되었다.

요즘 모임, 특히 정치판 화두는 대화와 소통이다. 진정한 소통은 유유상종하지 않고 좌와 우, 여와 야, 노와 사, 강과 약, 부와 빈, 유와 무, 남과 북, 진보와 보수 등 양극 사이에 놓인 장애물을 넘어 오가는 것이다. '화이부동'의 지혜가 소통의 기본철학이 되었으면 한다.

대화나 토론에는 반드시 지켜야 할 세 가지 기본 법칙이 있다. 첫째, 욕설을 해서는 안 된다. 둘째, 인신공격을 해서는 안 된다. 셋째, 주제를 벗어나지 말아야 한다. 재미 한인 단체들이 회의를 하다 걸핏하면 싸움판을 벌이는 원인도 이 기본 법칙이 지켜지지 않기 때문이 아닐까 한다. 특히 성질 급한 한인들의 입에 붙은 욕설이 항상 불씨가 된다. 욕설만 삼가도 대화는 깨어지지 않는다.

누가 볼 때나 안 볼 때나 언행에 별 차이가 없는 국민이 선진국민이다. 인터넷이 대화와 소통의 훈련장으로 거듭나 욕설을 추방하고 한국이 국제 사회에서 존경받는 '동방예의지국'이 되었으면 좋겠다. 미주 한인들도 바른 언어생활을 통해 예의 바른 민족으로 타인종의 칭송을 들었으면 한다. 문화를 욕보여도 유분수지 욕설문화라니……

잘 죽었다!

"고인이 가장 듣고 싶은 말은 무엇일까?"

한 친지의 장례식을 마친 뒤 유가족이 베푼 식사 자리에서 친구들과 나눈 화두였다. 고인은 개인 사업체를 성공적으로 크게 키워 풍족하게 살다 떠난 재력가였는데 고인의 동향 친구가 "고인은 '웰빙' 하시다 '웰다잉' 하셨으므로 이 세상에 별로 여한은 없을 것."이라고 요즘 유행어를 인용해 조사를 했다.

우리는 고인을 기리는 이런저런 덕담을 나눴는데 '웰빙'과 '웰다잉'이 화젯거리가 되었다. 한 친구가 "그거 쉬운 말로 '잘살다'가 '잘 죽었다' 아냐?" 한마디 해서 좌중을 웃겼다. 화제는 동사인 '살다'와 '죽었다'를 수식하는 부사 '잘'의 의미에 모아졌다.

복합어인 '잘살다'의 사전적 의미는 '경제적으로 윤택하게 살다'이다. 고소득, 호화주택, 고급차, 명품 따위로 채워진 물질적으로 풍족한 삶을 연상하면 된다. 모든 사람들이 하나같이 선망하는 삶이다. 지난 반세기 동안 한국은 절대빈곤에서 벗어나기 위해 "잘살아 보세"를 외치며 물질적 풍요를 향해 앞만 보고 내달려왔다. '잘 먹고 잘 입어 못난 놈 없다.'는 속담을 입에 달고 수단방법 가리지 않고 경쟁적으로 돈벌이에 매달렸다. 미주 한인사회도 아마 예외는 아닐 것이다.

한국이 이제 살만해지니까 국민들도 뒤를 돌아보는 여유를 갖고 물질적 풍요가 목표인 '잘살다'의 의미를 재조명보며 사회적, 정신적, 영적 풍요를 아우르는 웰빙 바람을 통한 삶의 질에 눈을 돌리기 시작했다. 인간의 삶이 어찌 물질적 풍요로만 충족될 수가 있겠는가?

동사를 수식하는 부사인 '잘'의 용도는 아주 다양하고 그 의미는 참으로 풍요롭다. 한 글자로 된 단어치고 '잘'처럼 유용한 말도 없는 것 같다. "마음을 '잘' 쓰라."면 "마음을 '바르고 착하게' 쓰라."는 의미이다. "잘 봐 달라."에서 '잘'은 '친절하고 성의 있게"라는 뜻이요, "수박이 '잘' 익었다."면 수박이 '어떤 기준에 꼭 맞게' 익었다고 보면 된다. 이 밖에도 '잘'은 익숙하고 능란하게, 자세하고 분명하게, 어렵지 않게, 만족스럽게, 편하고 순조롭게 등 다양한 의미를 따분하고 단조로운 행위에 덧입혀 빛내주는 역할을 한다.

그런데 이처럼 다양한 의미를 내포한 '잘'이 '살다'에 붙어 그 의미가 '물질적으로 넉넉하게'로 제한돼 버렸다. 웰빙은 복합어 '잘살다'를 두 단어 '잘'과 '살다'로 갈라 '잘 살다'로 만들어 '잘'의 다양하고 풍성한 의미를 '살다'에 접목시키는 사회운동이 아닐까 한다. '잘 살다'는 '재산과 관계없이 바르게, 훌륭하게 산다.'는 뜻이다. 그래서 '잘살다' 죽어도 '잘 죽었다'는 치사(?)를 듣기가 어렵다.

웰빙에 이어 유행어가 된 '웰다잉'은 예고 없이 찾아오는 죽음에 대비하는 삶을 통해 편안한 죽음을 맞자는 것이다. '잘 죽기'라고 알기 쉽게 써도 될 듯싶은데 굳이 웰다잉으로 표기하는 이유는 '죽음'이 공포와 외면의 대상이요 저주의 대명사처럼 인식되는 금기어인 탓 같다. '잘 죽었다' 소리를 하면 죽은 사람도 벌떡 일어나 화를 낼 판이다. 모두 거쳐 가는 관문인 죽음이 왜 꿈속에서조차 마주치고 싶지 않은 두려움의 대상으로 인식되는 걸까?

예일대 철학과 셸리 케이건 교수는 내가 최근 읽은 그의 저서 '죽음이란 무엇인가'에서 '죽음은 나쁜 것인가?'라는 질문을 던지고 있다. 그는 '박탈이론'을 토대로 죽고 나면 삶이 가져다주는 모든 축복을 앗기기 때문에 죽음은 나쁜 것이라고 주장한다. 케이건 교수는 영혼의 존재를 부정하는 물리론자이다. 나는 그의 이론에 별로 공감이 가지 않는다.

웰빙과 웰다잉 곧 '잘 사는 것'과 '잘 죽는 것'은 별개의 이슈가 아니라고 나는 생각한다. 도움이 절실한 영혼들에게 손을 잘 내밀 줄 아는 등 잘 사는 방법을 실천하며 사는 삶이 웰빙이요, 웰빙의 도착역이자 마침표가 곧 웰다잉 아닌가. 나도 좀 '잘 살다'가 '잘 죽었다' 소리를 듣고 싶은데 두고 볼 일이다. 이런 묘비명을 남기면 사람들이 너무 튀었다고 하거나 웃지 않을는지 모르겠다.

'나 잘 살다가 잘 죽어 여기 누웠노라.'

쪽 팔리게……

한글 신문이 또 수난을 당했다. 이번에는 무려 세 군데나 뜯겨나갔다. 두 군데는 손바닥 크기로, 한 군데는 거의 반 페이지나 잘려나갔다. 한 달 새 세 번째이다. 어쩌다 펼쳐든 신문에서 우연히 발견한 케이스가 세 번이므로 실제 범행 횟수는 더 많을 것이다.

범인 수색에 나선 형사처럼 뜯긴 자국을 면밀히 조사해보았다. 가위를 사용한 흔적은 없다. 도서실 직원들과 주위의 눈치를 살펴가며 조심스레 손으로 뜯어낸 게 틀림없다. 문화면을 뜯어간 것으로 미루어 보면 범인은 문화인의 탈을 쓴 미개인 같다. 구인 광고란을 뜯어갔다면 신문 한 부 구입비 75센트라도 아끼려는 궁색한 처지를 동정했을는지 모르겠다. 퇴근 뒤 자주 이용하는 터스틴(Tustin) 시립 도서관에서 마주친 사건이다.

한인 사서의 특별 배려로 미주 발행 한글신문을 도서관에 비치했다는 기사를 읽은 기억이 난다. 만약 도서관측에 범행이 알려지면 그 한인 사서는 쥐구멍을 찾고 싶어질 것이다. 공공도서관에 비치된 한글신문을 마치 자신이 구독하는 신문처럼 여기는 코리언은 과연 어떤 얼굴의 소유자일까? 낯 감추고 낯부끄러운 짓을 하는 그 코리언을 상상하면 내 낯이 뜨거워진다.

도서관을 거쳐 들르는 운동 클럽에도 내 낯을 뜨겁게 만드는 코리언이 있다. 그는 수건을 휴대하지 않는다. 샤워하고 젖은 몸은 무엇으로 닦을까? 그건 그에게 전혀 문젯거리가 아니다. 운동 클럽에 비치된 두루마리 종이 타월이 있기 때문이다. 사용량에 제한이 없다 하더라도 종이 타월 풀어 쓰는 그를 보노라면 내가 주변의 눈치를 살피게 된다. 그가 종이 타월 풀어내는 시간은 거의 30초쯤 될 것이다. 그동안 그는 주변의 이목을 끌어 모은다. 그는 한 수 더 떠서 몸을 다 닦고는 종이 타월을 둘둘 말아 싸들고 나간다.

그날도 샤워를 마친 그가 당당한 자세로 종이 타월을 풀기 시작했다. 둘 둘둘…… 종이 타월 풀리는 소리. 둘 둘둘…… 그 정도면 충분할 것 같은데 계속 이어지는 소리. 그 소리가 들리면 나는 귀머거리가 되고 싶다. 옆에 있던 한 백인이 그를 잠시 쳐다 보다 나를 향해 고개를 좌우로 설레설레 흔든다. 너희가 동족이 아니냐며 비웃는 듯한 표정이다.

나의 동족을 흘끔 훔쳐보았다. 내 시선을 의식했는지 그가 한국어로 중얼대는 소리가 들려왔다. "쳐다보기는, 쪽 팔리게……"

그 순간 나는 무릎을 쳤다. '쪽 팔린다.'는 표현은 이런 경우에 내가 써야 할 말이 아니겠는가? 적반하장도 유분수지 방금 쪽 팔리는 행위를 저지르고도 쪽 팔린다고 나를 향해 불만을 털어놓다니…….

1980년대 우리 언어생활 속에 들어와 빠른 유행을 타고 표준국어대사전에도 등재된 이 말은 '부끄러워 체면이 깎이다.'는 의미의 속된 표현이다. 부끄러운 일로 얼굴이 다른 사람에게 알려질 때 흔히 쓰는데 부끄러운 일이 밥 먹듯이 자주 일어나는 요즘의 유행어가 되었다. 아마 도덕 불감증으로 무엇이 쪽 팔리는 행위인지 분별을 못하거나 알고도 부끄럼을 무릅쓰고 쪽을 파는 사람이 늘어나는 탓인 것 같다.

문제는 쪽 팔리는 짓을 하지 않고도 쪽이 팔려버리는 억울한 피해자가 많다는데 있다. 부끄러운 짓을 저지른 당사자의 쪽이 팔리는 거야

자업자득이요, 인과응보 아닌가. '쪽 팔리다.'의 어원이야 어찌됐던 피동형의 이 표현에는 부끄러운 짓을 하고도 자신의 의지와는 무관한양 그 책임에서 벗어나려는 뻔뻔함이 담겨있다.

  외국인 눈에는 제 얼굴이나 내 얼굴이 다 같은 얼굴로 보이는데 묵묵히 성실하게 일하며 사는 동족의 얼굴을 '쪽'으로 격하시켜 싸구려에 도매금으로 팔아넘겨서야 쓰겠는가. 최근에는 은밀하게 몸을 파는 한인들이 미국 주류 언론에 오르내려 동포들의 낯을 붉히게 만들기도 했다. 팔려나간 '쪽'을 회수해서 본래 얼굴로 복원시키는 작업은 오랜 시간을 요구한다.

  종이 타월을 한손에 잔뜩 말아 감은 그와 나의 시선이 급기야 맞부딪혔다. 나를 잠시 째려보던 그가 작심한 듯 입을 열었다. "한국 분이슈?"

  나는 호흡을 고른 뒤 그의 두 눈을 응시하며 작심하고 또렷한 한국어로 대꾸했다.

  "아닌데요."

한국분이시죠?

　온몸이 찌뿌듯하고 감기 기운도 있는 것 같아 운동 대신 땀이나 뺄 요량으로 헬스클럽 내 증기 사우나실로 들어갔다. 세평 남짓 되는 실내에는 백인, 흑인, 히스패닉 등 다인종이 붙어 앉아 도를 닦듯 조용히 땀을 흘리고 있었다. 나도 그들 틈새에 앉아 지그시 눈을 감고 명상에 들어갔다. 두세 명이 드나드는 소리가 났지만 실내는 산사처럼 고요했다. 10분쯤 버티고 나니 열기 탓에 가슴이 답답해지기 시작했다.
　자리를 뜰까 하는데 한 동양인이 들어왔다. 신참은 내 맞은 편 좁은 틈새를 비집고 앉았다. 그가 나를 잠시 뚫어지게 쳐다보더니 사우나실의 적막을 깨뜨렸다.
　"한국분이시죠?"
　그의 목소리는 크고 우렁찼다.
　"예." 나는 짧게 그러나 분명하게 내가 그의 동족임을 확인 시켜주었다.
　짙은 안개처럼 증기가 잔뜩 서린 방 속에서 대번에 나의 국적을 알아맞힌 신참은 자신의 예측이 적중한 사실에 심히 만족한 듯 만면에 웃음을 띠며 냉큼 내 옆자리로 옮겨 앉았다.
　증기 사우나실 안에서 심문이 시작되었다. 나는 땀을 뻘뻘 흘려가며 그의 질문에 성실하게 대답하기 시작했다. 그는 우선 나의 거주지에 큰 관심을 표명했다. 대략 위치를 일러주자 그는 거주지가 자택인가를 물었다. 나는 그렇다고 솔직하게 대답했다. 고개를 몇 번 주억거린 그는 주택의 구입가와 현시가가 얼마인지 알고 싶어 했다. 나는 그게 비밀에 붙일 사항은 아닌 것 같아 사실대로 털어 놓았다. 그는 현시가가 그 정도면 아주 다행한 편이라고 나를 위로했다. 그의 위로를 듣고 나니 요즘 떨어진 집값 때문에 속상했던 감정이 다소 누그러졌다. 그는 고분고분 대답하는 나의 태도에 매우 만족한 듯 보였다.

커다란 그의 목소리는 조용히 땀을 내며 도를 닦던 다인종들을 하나 둘 밖으로 몰아냈다. 주위 사람들은 그에겐 안하무인이었다. 그럴수록 나의 목소리는 더욱 움츠러들었고 "뭐라고 하셨지요." 하며 그의 목소리는 더욱 커져만 갔다. 사우나실이 증기 고문실 같았다. 땀이 그야말로 비 오듯이 흘러내렸다. 사우나실을 탈출하고 싶었지만 그가 나를 놓아주지 않았다.

그의 심문은 나의 신상으로 옮겨갔다. 내 나이를 물었다. 남자가 남자의 나이를 묻는 게 별로 결례가 안 되고 또 손해 볼 일도 없을 것 같아 나이를 이실직고했다. 그는 조금 놀라는 표정을 지었다. 보기보다 낫살께나 먹었네 하는 눈치였다. 그는 나 보다 열댓 살쯤 아래로 보였다. 그는 질문 공세를 늦추지 않았다. 뜨거운 증기가 코와 입을 통해 계속 폐부로 밀려들어왔다. 폐에서도 땀이 솟아나오는 것 같았다.

"머리숱은 많지 않으신데 모발이 까맣군요. 혹시 염색을 하셨습니까?"

마침 이틀 전에 머리염색을 한터라 아니라고 우겨댈 염치가 없었다.

"미국 직장에서 일하는데 나이 많이 먹었다는 인상을 주고 싶지 않거든요. 앞으로 좀 더 버틸 생각인데……."

그는 부양가족도 있을 텐데 혼자 벌어서 먹고 살만하냐고 나를 걱정스레 쳐다보았다. 나는 그가 내 걱정을 해주는 게 좀 미안하게 생각

되었다. 나는 먹고 살만큼 번다고 그를 안심시켰다.

그가 얼굴의 땀을 훔쳐대기 시작했다. 정신없이 나를 심문하느라 열기도 깜빡 잊고 있었던 모양이었다. 그가 벌떡 자리에서 일어났다.

"아휴, 더워 죽겠네! 이거 실례 많았습니다."

나의 동족은 나를 향해 고개를 한번 까딱하고는 도망치듯 잽싸게 사우나실 문을 박차고 나갔다. 나는 다시 정적을 되찾은 사우나실에 남아 열기도 잊고 잠시 멍하니 앉아 있었다.

제 2 장

그들은 나를 '미스터 씨'라고 부른다

하나님의 초콜릿

좋은 상사 못지않게 부하 직원도 잘 만나야 비로소 직장생활이 즐거워진다. 주위에 보면 부하 직원에게 시달려 삶이 고달픈 보스들이 의외로 많다. 나도 간교한 부하 직원을 만나 심히 속앓이를 한 경험이 있다. 그런데 직장을 떠날 각오까지 하게 만들었던 그 고민이 한편의 드라마처럼 극적으로 풀려 생생하게 머릿속에 남아있다. 어느 해 감사절 때였다.

멕시코 초급대학 출신인 살바돌은 공원으로 일하다 나의 추천으로 실험실에 들어왔다. 그는 고분고분 나의 지시를 잘 따랐고 사원들은 그를 나의 오른 팔이라고 불렀다. 2년 뒤 나는 그를 수석 테크니션으로 승진시켰다.

그런 그가 어느 순간부터 고개를 빳빳이 세우고 사사건건 대들기 시작했다. 그가 맡은 새 프로젝트나 고객에게 보낼 실험보고서의 약속 날짜를 고의로 어겨 종종 나를 골탕 먹이고 책임을 나에게 전가하기 일쑤였다. 나의 승낙 없이 실험실의 각종 자료와 정보를 은밀하게 제품생산 담당 부사장인 윌리에게 제공하고 때로 그의 지시에 따라 엉뚱한 일을 하기도 했다. 종종 지각을 하고는 그의 상사도 아닌 윌리의 허락을 얻었다며 실험실장인 나에게 정면 도전도 했다.

윌리는 업무상 가끔 나와 부딪혔다. 그는 실험실이 불합격 판정을 내린 제품을 수시로 합격제품으로 둔갑시켜 출하시켰다. 회사 물건을 쓰레기 트럭에 실어 빼돌리는 현장을 우연히 목격한 적도 있었다.

나는 살바돌이 동향인 윌리와 가까이 한다는 사실을 알았다. 그가 윌리의 사주를 받아 행동하는 게 분명했다. 그러나 '나의 오른팔'을 섣불리 잘라버릴 수가 없었다. 부하에게 시달려 사직 할 수도 있겠다는 생각이 나의 마음을 짓눌렀다. 나의 고민이 절정에 다다른 순간, 드라마의 막이 올랐다.

감사절 전날, 살바돌이 자리를 비운 사이 그의 책상 위에 누군가 놓고 간 초콜릿 한 상자가 실험실 테크니션인 마크의 눈에 띄었다. UC Irvine 학생인 마크는 파트타임으로 일했다. 마크가 장난기가 밴 웃음을 흘리더니 초콜릿 상자의 포장을 조심스레 풀어헤쳤다. 그는 실험실 동료들에게 초콜릿을 돌려 선심을 썼다. 그리고는 감쪽같이 다시 포장한 초콜릿 상자를 제 자리에 갖다놓았다. 자리에 돌아온 살바돌은 초콜릿 상자를 누가 볼세라 얼른 책상 서랍 속에 보관했다가 퇴근 때 꺼내 들고나갔다. 아무 일도 없었던 듯 평온한 하루였고 회사는 이틀간의 감사절 연휴에 들어갔다.

연휴를 마친 첫 출근 날, 굳게 닫힌 윌리의 사무실 안에서 고성이 새어나왔다. 고성은 10여 분 동안 지속되었다. 드디어 사무실 문이 세차게 열리며 얼굴이 뻘겋게 상기된 살바돌이 윌리를 행해 삿대질과 욕지거리를 해대며 나왔다. 그는 영문을 몰라 어리둥절해 있는 나에게 씩씩거리며 다가왔다.

"용서해 줘요! 윌리의 꼬임에 빠져 못할 짓을 했습니다. '미스터 씨'를 괴롭혀 회사를 떠나도록 만들면 책임지고 후임으로 나를 추천하겠다는 윌리의 약속을 받았었지요. 가끔 용돈도 받아썼습니다. 미스터 씨! 못된 부하의 횡포를 용케 오래 참아주었어요." '미스터 씨'는 사원들이 즐겨 부르는 나의 애칭이다.

살바돌이 회사를 떠난 뒤에야 비로소 나는 사건의 전말을 파악할 수가 있었다. 사건의 불씨는 윌리가 감사절 선물로 살바돌의 책상 위에 놓고 갔던 초콜릿이었다. 마크가 초콜릿을 비운 빈 상자를 고무 자투리들로 가득 채웠다는 사실과, 영문을 모른 채 온 가족이 둘러앉은 가운데 초콜릿 상자를 열어본 살바돌이 분노로 치를 떨며 날밤을 새웠다는 얘기도 전해 들었다.

출근 하자마자 자신의 수족처럼 믿었던 살바돌이 돌변하여 죽자 사자 대어드는 바람에 날벼락을 맞고 혼쭐이 빠진 윌리가 제정신을 차리고 사건 진상 파악에 들어갔다. 사건은 장난기가 발동해 악의 없이 일을 저지른 마크가 시말서를 쓰는 선에서 매듭지어졌다. 윌리는 얼마 뒤 경영진이 바뀌면서 해고당했다.

인생이 소설 같다더니 내가 소설의 주인공이 된 기분이었다. 그것은 분명코 나의 연약함을 아시는 하나님이 연출하신 한편의 드라마였다. 도저히 상상할 수도 없는 각본에 따라 나의 고민을 식은 죽 드시듯 해결하신 하나님께 감사를 드렸던 기억이 새롭다. 돌아보면 모든 게 감사의 조건들이다.

고무와 왕따

 유황이 왕따를 당했나? 검정 고무 샘플이 하루 밤새 서리를 맞은 듯 허옇게 변해버렸다. 실험중인 처방전을 살펴본다. 화학결합제인 유황의 함량이 한계치를 지나친 게 틀림없다. 고무의 왕따 현상을 관찰할 때마다 한국 청소년들의 왕따가 떠올라 공연히 기분이 울적해진다. 생명 없는 고무의 세계도 찬찬히 들여다보면 인간사회와 닮은 구석이 적잖다. 특히 고무 원료들의 화합과 협력이 인간사회 못지않게 매우 중요하다.
 떡 주무르듯 고무 반죽을 주무르며 산업용 고무 제조업체 실험실에서 일한지도 40여 년이 흘렀다. 고객이 원하는 용도와 특성에 맞는 고무제품의 처방전을 개발하고 실험을 통해 그 제품이 주문대로 제대로 만들어졌는지 검증하는 게 나의 주된 업무이다. 그 동안 고무의 용도에 따른 수많은 제품 사양(Specification)에 맞도록 개발한 고무 처방전이 3천개가 넘는다. 고무제품에는 주성분인 폴리머(polymer)를 비롯해서 탄소 가루, 기름, 항산화제, 화학결합제등 보통 열 댓가지의 원료가 들어간다. 한마디로 고무라 부르지만 그 용도에 따라 처방전이 천차만별이다.
 화씨 600도까지 견뎌내는 고무가 있고 영하 100도 이하에도 얼지 않고 노글노글한 고무가 있다. 고무도 얼면 돌처럼 굳어져 제구실을 못한다. 방사능, 황산, 고압 증기 같은 역경속에서 거뜬히 견뎌내는 고무도 있다. 흔히 고무가 전기절연체로 쓰이지만 전기가 잘 통하는 고무도 만들 수 있다. 유방 등 여성의 몸 안에 들어가 호사하는 실리콘 고무에다, 로켓 단열재로 쓰여 우주선 타고 화성에 간 우리 회사 제조 고무도 있다. 기억력이 탁월한 고무가 있고 치매 끼가 있는 것도 있다. 기억력이 좋은 고무는 장기간 외압에 의해 크게 변형이 되었다가도 원형을 되찾는 능력이 뛰어나 성능이 좋고 인기도 좋다. 그러나 치매 끼 있는 것도 제 나름의 독특한 용도가 있다. 원가가 1파운드에 2달라 정도의 저렴한 고무에서 부터 2천 달러를 훌쩍 넘는 고가의 특수 합성 고무도 있다. 고무의 특성은 폴리머 종류에 따라 크게 달라지는데 그 종류가 20여 가지나 된다.

고무의 세계에는 팔방미인이 없다. 만병통치약도, 독불장군도 없다. 2천 달러짜리가 장점이 많다고 우쭐대도 2달러짜리의 용도를 대체할 수 없는 경우가 적잖다. 싼 고무도 제 용도가 있으니 '싼 게 비지떡'이 결코 아니다. 나이, 외모, 학벌, 성격에 집안까지 좋은 조건을 고루 갖춘 이상적인 배우자감은 있을지 몰라도 제아무리 경험 많고 유능한 고무 처방 전문가라도 이 같은 이상적인 고무는 만들어낼 수 없다. 천연고무는 탁월한 장력과 신장률을 타고났지만 내유성과 내열성이 아주 나쁘다. 외모가 번듯하면 성격이 고약하고 학벌은 좋은데 나이가 많다는 식이다. 고무의 세계에서도 '중용의 도'가 중요하다. 그래서 고무처방전을 개발하는 기술을 고무 화학계에서는 '양보의 기술' 또는 '타협의 기술'이라고 부른다. 어떤 특성을 중점적으로 부각시켜 키워내자면 다른 특성은 포기해야 한다는 뜻이다. 인간 사회에서도 양보와 타협이 중요하지 않은가.

능력도 중요하지만 어느 조직에서나 성격을 중시하는 것은 화합을 통한 팀워크 때문이다. 고무의 세계에도 비슷한 현상이 일어난다. '블

룸'(bloom)이라는 것이다. 나는 이 현상을 한국에서 집단 따돌림을 지칭하는 '왕따'에 빗대어 '고무의 왕따 현상'이라고 즐겨 부른다. 고무 속에 균질하게 섞여 한 몸이 되어야 할 원료 물질이 팀에서 밀려나와 고무 표면에서 겉도는 현상이다. 나타난 현상과 그 원인이 비슷해 보여도 왕따의 사전적 의미에 비추어보면 고무의 왕따 현상이 적합한 비유라고는 볼 수 없다. 자연의 섭리와 원리 원칙에 따라 반응하는 고무 성분들이 서로 무슨 유감이 있다고 마음에 안 드는 성분을 왕따시켜 내쫓겠는가? 고무의 왕따 문제는 처방전의 작성자가 전적인 책임을 지고 '가해 물질'(?)인 폴리머에 의해 왕따 당한 '피해 물질'(?)을 가려내 그 함량을 재조정하거나, 폴리머와 친화도가 더 높은 다른 원료로 대체시켜 주면 해결된다.

역할이 제각기인 고무 원료들은 주원료인 폴리머와의 친화도에 따라 세심하게 선별되고 적정 함량이 산출된다. 함량이 친화도를 지나치면 초과분이 고무 표면으로 밀려나오게 된다. 고무원료로 쓰이는 기름의 함량이 친화도를 지나쳐 고무 표면이 기름투성이가 된 제품이나, 왕따 당한 원료가 고무의 본래 색상을 변색시킨 제품은 폐기처분되거나 반품이 원인이 되기도 한다. 친화도는 화학 구조나 전기적 성질 등의 유사성에 따라 결정된다.

요즘 한국에서 '흔히 이성 상대와 마음이나 감정 또는 호흡이 잘 맞는다.'는 의미로 유행처럼 쓰이는 '케미스트리(chemistry: 화학)가 좋다.' 혹은 줄여서 '케미가 좋다'는 영어식 표현(good chemistry)은 바로 고무의 왕따 현상에서 보듯 서로 다른 2 종류 이상의 물질이 섞인 혼합물 안에서의 물질 사이의 화학적 상호 관계와 반응에 그 근거가 있다고 하겠다. 물과 기름에서 보듯 케미가 맞지 않으면 서로 섞이지 않는다.

우리말에 '초록은 동색', '가재는 게편', '유유상종' 등 비슷한 의미의 표현들은 '끼리끼리 어울린다.' 또는 '끼리끼리 논다.'는 뜻인데 모두 케미스트리에 딱 들어맞는 표현들이다. 화학에서 용해의 원리를 영어로 "Like dissolves like."라고 표현하는데 "비슷한 것 끼리 녹인다(혹은 섞인다)."라는 뜻이다.

고무에 비하면 인간들의 왕따는 얼마나 비이성적, 비논리적, 비인간적인가. 왕따 당해 얼마나 외롭고 괴로우면 자살까지 할까? 왕따는 영혼을 말려 죽음에 이르게 하는 의도적 만성살인행위라 볼 수도 있다. '사회적 동물'이란 인간이 무리 지어 왕따를 자행하다니……. 왕따를 당하면 황량한 사막 한가운데 홀로 내팽개쳐진 듯 얼마나 외로울까? 어느 불란서 시인의 시가 언뜻 떠오른다.

'사막에서 홀로 너무도 외로워, 때로는 뒷걸음질도 해보았지, 앞에 찍힌 사람의 발자국을 보고 싶어서.'

2008년 표준국어대사전에 등재된 '왕따'가 왕따 되어 사라지는 날은 언제쯤 올까?

그들은 나를 '미스터 씨'라고 부른다

 어쩌다 내 이름이 '씨'가 됐나 돌이켜보면 웃음이 절로 나온다. 말이 '씨'가 된다더니 말 한마디 잘못 내뱉어 반평생 넘게 '씨'로 살았다. 오랜 세월 나와 동고동락한 '씨'인데 아직도 서먹서먹하다.
 미국에 정착하며 이름 때문에 한번쯤 홍역을 치르지 않은 한국인이 어디 있을까? 천지개벽이 될지언정 한민족이 창씨개명의 설움을 또 당하랴 싶었는데 미국에 오자마자 미국식 창씨개명을 하고 말았으니…… 남자인 나는 다행히 창씨(?)는 면하고 개명만 했지만 "성을 갈면 갈았지."하며 비장한 결의를 곧잘 다지던 콧대 센 부인들도 끽소리 한번 못해보고 남편 성 따라 창씨하고 이름마저 갈아 버렸다.
 '시엽'이란 멀쩡한 두 글자 이름이 한 자씩 미국식으로 갈라서는 바람에 '퍼스트 네임'이 졸지에 '시'(Shi)가 되고 말았다. 그러나 'Shi'를 제대로 발음하는 미국인은 드물다. '쉬이, 싸이, 솨이' 등 제멋대로다. 나는 미국에서 '시'도 아닌 '씨'로 행세하며 살았다. '개명'하던 40여 년 전 그날이 어제처럼 생생하다.
 새벽 다섯 시에 눈이 떠졌다. 아파트 방안이 여전히 낯설다. 풀지도 않고 구석에 처박아 놓은 이민보따리가 눈에 들어온다. 운전면허를 땄으니 호구지책 마련이 시급하다. 24시간 영업하는 7-11 상점에 나가 지역신문을 샀다. 구직광고란을 눈에 불을 켜고 이 잡듯 뒤지기 시작했다. 광고 하나가 눈에 쏙 들어왔다.

'실험실 테크니션 구함'

직원 5백여 명에 70년의 역사를 자랑한다는 산업용 고무제품을 주문생산 하는 중견 고무 회사였다. 대학 졸업 후 한국에서 언론계로 빠져 잠시 외도를 했지만 나는 대한민국이 학위를 인정해준 '케미스트'(chemist) 아닌가!

"입사 축하합니다!" 고교 출신으로 29살 나이에 부사장에 올랐다고 자랑스레 자신을 소개한 스티브가 비대한 상체를 일으키며 인터뷰를 마친 나에게 악수를 청해왔다. 백인인 그는 능력만 있으면 기회의 나라 미국에서 자신처럼 성공할 수 있다고 격려하며 인사과로 나를 안내했다.

"쉬이~" 인사과 여직원이 어린 애 오줌 누이는 소리를 내며 입사원서에 기록된 내 퍼스트 네임의 발음이 맞느냐고 물었다. 순간 '시엽'이 퍼스트 네임이라고 말할까 말까 고민했다. '시엽'이라 하면 없는 미들 네임을 또 대라고 추궁할 것 같아 나는 과감하게 내 이름을 포기했다. 나는 Vitamin 'C'의 '씨'처럼 발음하라고 발성법까지 지도했다. 알파벳 'C'처럼 아주 발음하기 쉽다고 너스레마저 떨었다.

나는 '씨'로 개명했고 '씨'로 살기로 서약했다. 한 알의 겨자 '씨' 같은 존재가 될 수도 있지 않을까? 스페인어로 '씨'(si)는 '예스'라는 뜻이라는데……. 하면 된다는 긍정적 사고를 갖고 살라는 뜻도 있을 것이다. '씨'의 의미가 새삼스레 다가왔다.

사원들은 나를 '미스터 씨'라고 부른다. '미스터'가 우리말 '씨'로도 변역되므로 한국인에게는 꽤나 웃기는 경칭이 된다. 사장에게도 안 붙이는 '미스터'를 왜 흑발의 아시안 직원의 이름에 붙여 즐겨 부르는지 궁금해 하는 직원들에게는 "내가 미세스로 보이냐?"고 묻거나 '미스터'가 이름이고 '씨'는 성이라고 웃어넘긴다. '미스터 씨'의 유래가 있다.

입사 이듬해 여름, 내가 '씨'로만 통할 때였다. 여름방학 인턴 프로그램에 따라 모니카라는 귀여운 여고생이 실험실에 들어왔다. 모니카는 내 조수가 되어 강아지처럼 나를 졸졸 따라다니며 '미스터 씨'라고 불러대기 시작했다. '미스터 씨'는 전염성이 강한 독감처럼 입에서 입으로 급속도로 퍼져나갔다. 개학을 맞아 모니카가 실험실을 떠날 즈음, 회사 내에는 이미 '미스터 씨'가 만연한 뒤였다. 그로부터 한 달이 채 지나지 않아 사장과 중역들도 독감에 걸려 콜록대듯 나를 '미스터 씨'라고 불러댔다. 세월이 흐르며 미국 서부 고무 업계에도 '미스터 씨'가 널리 퍼져나갔다.

'미스터'란 존칭이 주는 부담감으로부터 나는 자유롭지 못하다. 그러나 코리언의 이미지를 멋지게 심기 위해 일터에서 열심히 '씨'를 뿌렸다고 자부하고 싶다. 후세들을 위한 최상의 유산은 이민 1세들이 미국 땅에 코리언의 이미지를 멋지게 심어놓는 것이다.

뿌림은 희생이다. 솔직히 말해 1세가 뿌린 대로 거두게 될 날을 상상하면 마음이 무거워지기도 한다. 악착같이 하나라도 더 움켜쥐기 위해 탈법을 마다않는 인종으로 코리언의 이미지가 굳어질까봐 불안하다. 걸핏하면 싸우다 갈라서고 툭하면 법정에 가는 코리언의 부정적 이미지는 꽤 굳어져버렸다. 좋은 이미지가 하루아침에 형성되지 않듯, 나쁜 이미지도 하루아침에 사라지지 않는다.

한국계라면 부지런하고 정직하며 믿을 수 있는 민족으로 미국 어디서나 환영받는다면 얼마나 좋겠는가? 각자 맡은 일터에서 '씨'가 되어 미국 땅에 뿌려지고 썩어져 후손들이 백배, 천배의 열매를 거둘 때가 꼭 오기를 소망한다. 그 때를 위해 오늘도 '씨' 역할을 제대로 해야겠다.

다 봤다!

 월요일 오후 인사부에 갔다가 로즈에게 걸려들었다. 공장 안전 담당 요원인 그녀는 마침 할 말이 있다며 나를 불러 세웠다. 무슨 말을 하려나 하는 나의 기대를 저버리고 "내가 다 봤는데." 한마디 하고 그녀는 입을 닫았다.
 로즈에게는 꽤 짓궂은 구석이 있다. 그녀는 자기가 본대로 이실직고 하라고 나에게 무언의 압력을 가했다. 할 말이 있다면서 왜 내가 털어놓기를 바라는지 속셈을 모르겠다. 급히 머릿속을 휘저어보았으나 딱히 집히는 게 없었다. 언제 보았다고 날짜라도 짚어주면 도움이 되련만 그녀는 무심했다. 잠자리에 들면 하루 일과도 기억에서 가물거릴 때가 많은데 지난 주말 행적까지 추적해야 할 판이니······.
 내가 감을 못 잡고 멍하니 서있자 그녀는 뭐가 그리 재미나는지 웃기만 했다. 도대체 뭘 보고 저럴까 하는 생각이 들면서 불안감이 스멀스멀 일어났다. 부끄러운 장면을 로즈가 목격한 것 같아 얼굴마저 화끈거렸다.
 나는 정신을 가다듬고 지난 금요일 퇴근 이후 나의 행적을 뒤밟아보기 시작했다. 퇴근 뒤 처음 들른 곳은 회사 근처 공원이었다. 이 공원은 점심때나 퇴근 뒤에 차를 몰고 종종 찾아가 낮잠을 즐기거나 휴식을 취하는 곳이다. 나는 이곳에서 한 달에 두어 차례 차 안에서 코털을 다듬기도 한다. 차에는 소형 가위 하나를 비치해 놓고 있다.

'아하! 그날 내가 삼매경에 빠져 코털 다듬는 장면을 그녀가 훔쳐본 게 틀림없어!'

그게 다 타인의 기분을 상치 않게 하려는 자상한 마음에서 우러나온 행동이고 보면 내가 떳떳해져도 좋을 것 같았다. 나는 진실을 고백하고 이 불편한 자리를 한시바삐 벗어나고 싶었다.

"공원에서 나 코털 다듬는 거 봤냐?"

로즈가 입을 한 손으로 가리고 킥킥 웃으며 고개를 가로저었다.

첫 예측이 여지없이 빗나갔으므로 나는 재빨리 다음 행선지와 행적을 떠올렸다. 토요일 오전 나는 대형 백화점들이 들어서 있는 '메인 플라자'를 찾았다. 추위를 쉬이 타는 병약한 아내의 부탁으로 여성용 내의를 구입할 생각이었다.

나는 갑자기 아이스크림 생각이 났다. 콘에 우뚝 담아 준 아이스크림을 사들고 애들처럼 살살 핥아먹으며 쇼핑객들 사이를 빠져나갔다. '맞아! 아이스크림에 팔려 로즈를 모른 척하고 지나친 모양이네.'

"아이스크림 핥아먹는 거 봤지?"

그녀는 '노우' '노우'를 연발하며 이번에는 입도 안 가리고 웃어댔다. 그녀도 예상 밖에 펼쳐지는 나의 고백이 흥미진진한 모양이었다.

나의 발길은 메이시 백화점 여성복 매장으로 향했다. 나는 여성 내의를 두 손으로 쓰다듬어도 보고 볼에 대어보기도 하며 이것저것 선을 보았다. 나는 레이스가 달린 분홍색 내의를 골랐다. 이 장면을 우연히 목격한 로즈가 숨겨둔 애인에게 선물할 내의를 고른 것으로 오해를 했을지도 몰라?

"여성복 매장에서 여자 내의 고르는 거 봤냐?"

그녀는 또 고개를 가로젓더니 아예 등을 돌려대고 한껏 웃어 제꼈다. 나는 계속 삼천포로 빠지고 있었다. 내의를 사고 나니 점심시간이었다. 백화점 내 '푸드 코트'(food court)에서 샌드위치를 사먹었다. 마침 옆 자리에서 커피를 마시던 한인 여대생과 대화를 나누게 되었다. '오라! 이 장면을 젊은 여성과의 밀회로 곡해를 한 게로군?'

내가 새로운 고백을 하려고 입을 막 열려는 순간, 로즈가 나의 입을 가로막고 나섰다.

"칭찬 좀 해주려고 했지. 도로변에다 네 차 세워놓고 차도에서 고장 나 멈춘 승용차 끙끙대며 밀어주는 거 봤다 이거야! 바쁜 요즘 세상에 누굴 돕는다는 게 그리 쉽지 않거든."

그녀가 내 등을 툭 치며 깔깔댔다. 금요일 퇴근 직후 공원으로 가는 길에 있었던 일이었다. 윤동주의 '서시'가 떠올랐다. '죽는 날까지 하늘을 우러러 한 점 부끄럼이 없기를,'

칭찬 해주겠다는 사람 앞에서 제 발 저린 도둑처럼 마냥 졸아들었으니……. 하나님 앞에서는 감출 수 없는 마음속 숱한 부끄럼은 다 어이할꼬?

목마른 침입자

따가운 여름 햇살에 달아오른 지면이 한창 열기를 뿜어대던 8월 어느 오후. 점심시간 뒤의 나른한 정적을 깨고 내 사무실과 잇대어 있는 실험실에서 다급한 소리가 들려왔다.

"파운틴이 어디 있지요?"

허름한 차림의 늙수그레한 낯선 백인 남자가 실험실 한가운데 서서 사방을 두리번거리고 있었다. 나는 그가 실험실로 잘못 찾아든 다른 부서 방문객이려니 여겼다. 나와 눈이 마주치자 그는 앵무새처럼 같은 말을 되뇌었다.

"파운틴이 어디 있지요?"

나는 자리에서 일어나 그에게 다가갔다. 깊게 주름진 그의 얼굴에서 삶의 곤고함이 묻어나왔다.

"파운틴이라구요? 아! 식수를 찾는구려."

나의 응답에 무표정하던 그가 크게 고개를 끄덕이며 애써 씽긋 웃어 보였다.

그를 식수가 있는 런치 룸으로 막 안내하려할 때, 로비에서 회사 방문객 출입을 통제하는 알리스가 헐레벌떡 실험실로 뛰어들었다. 그녀는 다짜고짜 낯선 백인을 향해 날카롭게 소리쳤다.

"여기가 어딘 줄 알고 들어왔어?"

그는 알리스를 향해 같은 말을 세 번째 되뇌었다.

"파운틴이 어디 있지요?"

알리스는 그의 질문에는 아랑곳없이 신경질적으로 쏘아붙였다.

"당신 미쳤어. 여기가 어디라고 물을 찾고 있는 거야?"

조용하던 실험실에서 갑자기 큰 소리가 새어나가자 실험실 맞은편 사무실의 공장 담당 부사장 레난이 얼굴을 잔뜩 찡그리고 끼어들었다. 남미계인 그는 지극히 사무적이며 매몰찬 성격으로 직원 사이에 소문이 나 있다. 레난은 알리스와 백인을 번갈아 쳐다보며 눈살을 한껏 찌푸렸다. 알리스로부터 자초지종을 듣고 난 그는 그녀를 몰아세우기 시작했다.

"도대체 근무를 어떻게 했기에 이 자가 예까지 무사통과 했느냔 말이야?"

알리스는 거의 울상이 되어 기어드는 목소리로 대답했다.

"내가 안에서 버튼을 누르지 않으면 출입문이 열릴 수가 없는데……."

레난이 그녀의 말꼬리를 잡고 늘어졌다.

"열릴 수가 없는데 문이 저절로 열렸다는 거야? 잠금장치에 이상이 발견됐다면 경비 담당 데이브에게 즉각 보고해서 고치도록 했어야 옳지. 당장 데이브 불러와."

데이브가 죄인처럼 어깨를 잔뜩 늘어뜨리고 실험실에 들어섰다.

"이 봐. 로비 출입문의 잠금장치가 작동하는지 지금 당장 가서 점검해봐요."

소란이 지속되는 동안 모두에게 잠시 잊힌 존재가 되었던 백인이 다시 입을 열었다.

"파운틴이 어디 있냐고요?"

"파운틴이라니? 경찰을 부를까? 무단 침입자로 제꺼덕 유치장 신세야. 당신 오늘 운이 억세게 좋은 줄 알아요."

무단 침입자를 향해 일장 훈시를 늘어놓은 레난이 알리스와 데이브를 향해 소리쳤다.

"뭣하고 있어. 이 자를 당장 쫓아내지 않고!"

등을 떠밀려 밖으로 쫓겨나간 침입자가 뒤를 힐끗 돌아보며 중얼댔다. "난 목이 마르단말요."

그 순간 책상 서랍에 항상 서너 개 넣어두고 마시는 병 물이 비로소 퍼뜩 떠올랐다. 병 물을 하나 집어 들고 나는 잽싸게 밖으로 뛰쳐나갔다. 저만치 뙤약볕 속을 터덜터덜 걸어가는 '무단 침입자'가 보였다. 나는 소리쳐 그를 불러 세웠다. 경계의 눈빛으로 나를 쳐다보는 그의 손에 물병을 쥐어주었다. 굳었던 얼굴이 풀리며 그의 바짝 마른 입술에 미소가 번졌다.

"고맙소. 버스에서 내려 이 근처에 있다는 쓰레기 재활용장에 일거리를 알아보러 가던 길이었소. 하도 목이 타올라 물 좀 얻어먹으러 문을 밀치고 들어간 게 그만 그리 됐소."

물을 벌컥벌컥 들이 마신 목마른 침입자는 나를 향해 손을 내내 흔들며 사라졌다.

을과 갑의 출장

짐(Jim)으로부터 이메일이 왔다. 그와 동행하는 미시시피 현지공장 출장 건이었다. 일주일 출장 계획을 잡아보았으니 내 형편에 맞는지 검토해보고 회답해 달라는 것이다.

달력을 보니 출장 주일 토요일에 빨간색 동그라미가 쳐져 있었다. 한 친지의 며느리 베이비샤워에 초청 받은 날이었다. 출장 명령이 떨어지면 찍소리 한번 못하고 떠나던 한국의 직장생활이 떠오르며 하찮은 개인적 사유로 일정을 바꾸자 하기가 영 마음에 걸렸다. 잠시 망설이다 베이비샤워 때문에 출장 일정을 일주일 늦췄으면 좋겠다고 짐에게 답신을 보냈다. 짐은 흔쾌히 내 제안을 받아들였다. 항공편 예약 등 모든 준비는 짐이 처리할 일이었다.

출장일이 다가오자 정서와 취향이 다른 전형적 미국인인 백인 짐과 일주일을 함께 보낸다는 사실이 부담스레 느껴졌다. 그러나 출발 며칠 전 짐은 존 웨인 공항 주차안내를 비롯해서 현지 날씨에 맞춰 준비해야 할 옷 등에 대해 자상히 조언해 주었다. 그와의 출장에 따른 막연한 불안감이 차차 걷히기 시작했다.

지난 해 10월 중순, 우리는 존 웨인 공항에서 만나 출장길에 올랐다. 5시간쯤 댈러스를 거쳐 멤피스로 날아가 자동차로 1시간 30분 달려가는 출장이었다. 현지공장은 전원풍의 한적한 도시 리플리 외곽에 자리 잡고 있다.

짐의 서비스는 공항에서부터 시작되었다. 탑승권을 발급 받는 일에서부터 음료와 스낵에 이르기까지 일일이 나를 챙겼다. 짐은 마치 내가 자신의 상사라도 되는 것처럼 세심하게 마음을 썼다. 고맙다고 하면 오로지 "유어 웰컴"(You're welcome.)이었다.

댈러스 국제공항에서 내 눈에 든 것은 구두닦이였다. 내가 한국의 '슈샤인 보이'에 대해 이야기하자 짐은 미국의 '슈샤인 맨'을 체험해보라고 제안했다. 나는 높은 의자에 앉아 나이 지긋한 흑인 '슈샤인 맨'의 흥겨운 콧노래를 들으며 구두를 닦았다. 미국에서 돈 내고 구두를 닦아보기는 처음이었다. 요금과 팁은 짐이 지불했다.

멤피스 공항 근처 렌터카 회사에서 차를 대여했다. 공항에서 리플리까지는 80마일이다. 그때까지 짐이 베푼 도움과 호의에 대한 답례로 내가 핸들을 잡으리라 잔뜩 벼르고 있었는데 어느 틈에 짐이 자동차 열쇠를 받아들고 운전석을 차지했다. "내 운전 실력 믿지?" 하며 나에게 피곤할 텐데 잠시 눈이나 붙이란다.

공장이 자리 잡은 리플리는 숙박 시설을 찾기 힘든 인구 5천이 조금 넘는 작은 도시이다. 우리는 회사가 본사 직원 숙박용으로 구입한 큰 주택에 여장을 풀었다. 이 주택에서 나흘간 머물며 현지공장까지 10여 마일을 짐이 운전하는 차로 매일 출퇴근했다. 차에 가스를 넣을 때도 그는 나의 도움을 사양했다. 일찍 일어나 아침 커피를 준비하는 것도 그가 기꺼이 맡은 일과의 하나였다. 식사는 현지공장 직원들이 추천한 식당을 찾아다니며 해결했는데 짐은 매번 나에게 메뉴에 대해 미리 브리핑해 주었다.

나는 짐의 몸에 밴 봉사로 그와의 출장을 아무런 불편 없이 무사히 마칠 수 있었다. 출장 전 가졌던 막연한 불안감은 모두 짐에 대한 감사와 존경으로 바뀌었다. 나의 자가용 기사처럼 때론 수행비서처럼 헌신적으로 나를 도와준 짐은 회사 최고경영자인 바로 사장이다.

요즘 한창 한국에서 큰 사회적 이슈로 떠오른 이른바 '갑과 을'의 문제를 접하고 사장 짐과의 출장이 떠올랐다. 한국에서 '을'인 내가 '갑'인 사장을 모시고 출장을 나섰다면 어떤 상황들이 펼쳐졌을까? 불을 보듯 환히 머릿속에 그려진다.

강자와 약자로 대변되는 '갑과 을'의 문제는 의식구조의 문제여서 제도적 보완이나 법적 규제만으로 약육강식의 동물적 본능에서 나오는 '갑질'을 통제하기 어렵다. 아무리 경제나 정치의 민주화를 외쳐대도 생활의 민주화가 되지 않고서는 '을'을 향한 갑의 횡포나 지배는 결코 사라지지 않을 것이다. 민주주의란 자유와 평등의 기반 위에 세운 삶의 한 방식 아닌가. 민주주의가 삶 속에서 실천되어야 힘만 있으면 공과 사의 구분 없이 빚어내는 '갑질'이 사라질 것이다. 공과 사를 구분하는 것은 민주주의의 기본이다. 한국도 선진국 소리를 들으려면 짐과 같이 을을 배려하는 존경스런 갑들이 많이 생겨나야 한다.

추신: 짐은 하루 8시간 근무 중에는 나의 상사로서의 임무를 철저하게 수행했음을 밝혀둔다.

입 안의 혀라고?

밀가루로 메주를 쑨대도 곧이곧대로 전했다. 단어 하나는커녕 받침 하나도 가감 없이 옮겼다. 한 번도 반항을 하거나 게으름을 피운 적이 없었다. 그런데도 고맙다는 생각은 고사하고 그 존재마저 까맣게 잊는 때가 많았다. 오죽하면 '입 안의 혀' 라는 비유가 생겨났을까?

그 혀가 말썽을 피워 한 달 남짓 곤혹을 치렀다. 3월 초 그토록 충직한 나의 혀를 평소 무슨 억하심정이라도 있었던 양 오른쪽 가장자리를 두 어금니로 꽉 씹어 버렸다. 점심을 먹다 아차 하는 순간에 벌어진 사건이었다. 어찌나 아픈지 눈물이 찔끔 찔끔 흘러 나왔다.

씹힌 혀 부위가 피가 맺혀 빨갛게 부어올랐다. 통증은 잦아들었으나 알사탕을 하나 물고 말하듯 말이 입 안에서 맴돌다 나왔다. 며칠 지나면 나으려니 여겼던 상처가 덧나기 시작했다. 말 할 때마다 닳아서 예리해진 어금니 모서리에 혀의 상처 부위를 비벼대니 상처가 아물 새가 없었다. 낫기는커녕 상처는 더 크게 부어올랐고 모난 돌이 정 맞듯 상처 부위가 기어코 한 번 더 씹히고야 말았다. 강진에 겨우 살아남은 건물이 여진에 폭삭 주저앉듯 혀는 죽은 해삼처럼 축 쳐져버렸다.

말 한마디 하는 데도 적잖은 통증이 따랐다. 문제는 씹힌 혀에 적절한 치료법이 없다는 현실이었다. 자유분방한 혀를 붙들어 맬 뾰족한 방법이 있는 것도 아니고, 반창고를 붙이거나 연고 따위를 발라줄 수도 없는 딱한 형편이었다. 혀의 주인인 내가 혀를 위해 해줄 수 있는 최선의 방법은 그저 입 꽉 다물고 잠잠히 있는 거였다. 며칠 죽이나 먹어가며 혀를 푹 쉬게 하면 나을 것 같았다.

그러나 냉혹한 현실은 내가 입 다물고 말없이 지내도록 허락지 않았다. 실험실이 비교적 혀를 적게 부려먹는 부서라고는 하지만 업무상 대화는 피할 도리가 없었다. 그렇다고 제 혀 깨물어 놓고 병가를 얻기도 좀 멋쩍은 노릇이었다. '말 못할 사정'을 감추고 대화를 하고나면 호전되던 상처가 다시 악화되었다. 시간이 약이거니 느긋하게 맘먹었다가는 병을 키워 호미로 막을 일을 가래로 막을 판이었다. 혀를 살려낼 단호한 조치를 실행에 옮겨야만 했다.

말수를 줄이기 시작했다. 대화를 할 경우 되도록 말을 간결하게 하고 듣기에 치중했다. 다행히 말을 적게 한다고 나에게 시비를 거는 상대는 하나도 없었다. 실제로 사람들은 말을 듣기보다는 하는 쪽을 선호하므로 가끔 맞장구만 쳐 주어도 훌륭한 대화가 된다는 사실을 깨달았다. 상대의 말을 끝까지 들어주며 하는 대화는 상황 판단을 정확히 하게하고 오해와 말실수를 줄이는 이점이 있었다. 상대방은 나의 '말 못할 사정'도 모르고 묵묵히 들어주는 나의 태도에 매우 만족스러워했다. 말하는 고통으로부터 해방된 나와 입 안의 혀도 함께 평안을 누렸다.

회의는 가능한 짧은 시간에 마칠 수 있도록 철저히 준비했다. 중언부언, 사족, 잔소리 따위의 거품을 걷어내니 불투명한 사고들이 선명하게 모습을 드러냈다. 전화 통화 시간도 대폭 줄이고 긴요하지 않은 통화는 되도록 자제했다. 하루 빨리 통증에서 벗어나고 싶은 마음이 굴뚝같아도 입 안에 혀를 두고 목구멍까지 올라온 말을 참는다는 게 쉬운 노릇은 아니었다. 입 안의 알사탕이 녹아 사라진 듯 혀가 제소리를 내기 시작했다.

한 달 동안 투병(?)을 하며 말에 얽힌 별의별 생각을 다해 보았다. 말을 배급제로 만들어 하루 백 마디의 말을 배급받아 쓴다고 해보자. 아마 거짓말, 잔소리, 욕, 루머, 가십, 중상모략, 언쟁이 크게 줄어들 것이다. 잡소리 하느라 못 다한 감사와 칭찬의 말을 가슴에 안고 내일을 기약하며 잠자리에 드는 사람들이 적지 않을 것이다.

 말수를 아껴야 말실수가 적은 법이다. 열 마디 하면 세 마디 실수를 하는 사람과 한마디만 실수를 하는 사람이 있다. 비율로 따지면 전자가 후자보다 세 배나 실수가 많다. 그런데 하루에 전자는 열 마디를 하고 후자는 말이 많아 백 마디를 한다면 결과는 엄청 달라진다. 후자는 하루 열 마디의 실수를 하는 셈이다. 말 한마디로 천량 빚도 갚게 만드는 유능한 혀에게 잡소리는 떠맡기지 말아야겠다. 제 혀를 씹지 않고서도 지혜로운 혀의 주인이 되는 자에게 복이 있을지니…….

잊지 못할 감사 카드

　감사절이 다가오면 생각나는 잊지 못할 감사 카드가 하나 있다. 내가 채용 인터뷰를 했던 어느 구직자가 보낸 것이다. 3년 전 실험실 테크니션을 물색할 때였다.
　어느 날 인사부에서 한 응모자의 이력서를 보내왔다. 이름은 마틴. 나이는 30. 고교 졸업 후 조경회사 및 시 공원 관리원으로 일한 경력이 있다. 결혼을 했으며 두 살 된 아들이 있고 남가주 출생의 남미계 미국인으로 스페인어도 능숙하게 구사한다는 내용이었다.
　마틴이 나와 마주 앉았다. 외모가 준수한 그는 왠지 정서적으로 불안정해 보였다. 나는 그가 나이에 비해 순진하다고 생각했다.
　"경험은 없어도 되지만 배우려는 의지와, 일에 대한 흥미는 있어야 합니다. 잠깐 일하다 그만 두면 서로 손해겠지요." 나는 그가 맡을 일을 상세히 설명해주고 공장을 견학시켰다.
　마틴과 다시 마주 앉았다. 여전히 그는 불안한 표정을 감추지 못했다. 그가 의식적으로 나의 시선을 피한다는 느낌이 들어 내가 그의 시선을 피해주었다. 그의 이력서를 만지작거리다 무심코 나의 눈길이 이미 훑어본 그의 경력 난에 가서 멈췄다. 내가 뭘 잘못 보았나 싶어 눈을 씻고 다시 보아도 틀림없는 '1996년'이었다.
　"마틴, 연도가 잘못 표시됐군요! 2006년이 맞지요?"
　그의 마지막 경력이 1996년이었던 것이다. 그는 뒤통수라도 한대 얻어맞은 듯 흠칫 놀라는 표정을 지었다. 그는 천정을 잠시 올려다보더니 고개를 떨어뜨렸다.

"난 처음부터 미스터 황이 알고 있는 줄 알았어요. 1996년이 맞아요."

"아니, 그럼 지난 10년 동안 도대체 뭘 했다는 거요? 설마 놀고먹지는 않았겠지요. 가족이 있는데······." 내가 웃으며 물었다.

그가 고뇌에 찬 표정을 지으며 무겁게 입을 열었다. "감옥에······. 세상에 나온 지 이제 두 달째입니다." 그의 대답에 이번엔 내가 깜짝 놀랐다. 나는 궁금증을 참지 못하고 그 연유를 묻고 말았다.

"살인사건입니다. 내 직장 동료가 주범이었어요. 현장에 함께 있다 공범으로 체포됐었지요."

그가 체념한 듯 털어 놓았다. 모범수에게 주는 혜택으로 수형 기간 중 옛 애인과 결혼도 했고 아이도 하나 얻었노라고 덧붙였다.

"이 인터뷰가 아홉 번째에요. 안 되도 그만입니다. 열 번째가 예약돼 있거든요."

그가 냉소적으로 말을 뱉으며 나를 똑바로 쳐다보았다. 당신도 적당히 둘러대서 나를 퇴짜 놓겠지 하는 태도였다.

나는 그의 시선을 피해 고개를 떨어뜨리고 잠시 고민에 빠졌다. 전과 사실을 인사부에 보고해야 하나, 그가 실험실 동료들과 과연 잘 어울릴 수 있을까, 마틴을 채용할 것인가? 나는 고개를 들어 그를 쳐다보았다. 그리고 나의 결단을 통보했다.

"마틴, 같이 일합시다! 나만 알고 있을 테니까." 나는 자리에서 일어나며 마틴에게 악수를 청했다. 마틴이 나의 손을 두 손으로 꼭 잡았다. 눈물이 그의 눈에 반짝 어렸다.

자영업이 아닌 직장에서 홀로 어려운 결단을 해놓고 나는 며칠간 남

모르는 고민에 빠져버렸다. 전과를 은폐한 사실을 사장이 알게 되면 문제를 삼지 않을까, 마틴이 살인사건에 연루된 전과자라는 사실이 곧 사내에 알려지면 어쩌나, 혹시 무슨 범죄를 저지르지는 않을까?

　마틴이 약속한 첫 출근 날이 되었다. 그러나 입사 신체검사까지 마친 그는 마치 나의 고민을 헤아리기라도 한 듯 나타나지 않았다. 나는 부끄럽게도 안도의 한숨을 몰래 내쉬었다. 어쩌면 나는 그가 나타나지 않기를 내심 기대했는지도 모른다. 한 달 뒤 나는 편지 한통을 받았다. 마틴으로부터 온 감사 카드였다.

　"미스터 황, 인생의 가장 어려운 순간에 제 손을 잡아주었습니다. 그 순간을 어찌 잊을 수 있겠습니까? 조경사업을 시작했습니다. 열심히 살겠어요. 감사합니다. 마틴"

제 3 장

하나님은 색맹이시다

갚지 못할 사람을 도와라

　미국에 갓 정착한 한 지인의 통역을 돕기 위해 산타아나 시청을 방문했었다. 한낮 시청 앞 잔디밭은 갈 곳 없는 노숙자들의 사랑방이었다. 잘 아는 10여 명의 노숙자들이 삼삼오오 모여 이야기를 나누고 있었다. 나는 그들과 악수를 하거나, 눈인사를 나누느라 잠시 부산을 떨었다.
　"친구들이죠."
　"친구라? 이름도 아시네요. 혹시 노숙자 출신 아니세요?"
　말없이 지켜보던 지인이 나에게 조크를 던졌다. 그는 노숙자들에게 큰 관심을 보였다.
　한인 교회가 주관하는 노숙자 사역에 봉사자로 참여한지 20여 년이 되었다. 매주일 아침 산타아나 시청 주차장에서 노숙자들에게 식사를 제공하고 예배를 인도하는 사역인데 나의 임무는 식사 전 노숙자들에게 물수건을 나누어 주는 일이다. 이 임무는 첫 봉사 때 함께 따라 나섰던 어머님의 아이디어로 시작되었다.
　"손이라도 좀 씻게 하고 식사를 하도록 하면 좋으련만……."
　노숙하고 곧장 아침 배식 현장에 오는 노숙자들의 손이 깨끗할 리가 없다. 첫 봉사를 마치고 귀가하는 차 안에서 어머님은 무슨 대발견이라도 하신 듯 무릎을 탁 치며 입을 여셨다.
　"야! 유리 갓난애 때 쓰던 물수건 있지. 돈은 내가 댈 테니 그 거 노숙자들에게 나눠주렴."

어머님이 말씀하신 물수건은 손자 유리를 키울 때 쓰시던 일회용 'Baby Wipes'. 손 닦기에는 그야말로 안성맞춤이었다. 그 다음 주일 나는 어머님의 당부대로 그 물수건을 사들고 첫 임무에 나섰다. 물수건은 노숙자들의 대환영을 받았다. 이 작은 봉사는 1998년 세상을 뜨신 어머님의 뜻을 지켜 지금껏 이어오고 있다. 그 동안 달라진 것은 1백장 정도면 충분하던 물수건 수요가 2배로 늘었고 물수건이 마이크로오븐에서 따뜻하게 덥혀져 제공된다는 사실이다.

"따뜻한 한 끼 식사 못지않게 따뜻한 대화가 중요해요. 그저 친구처럼 대하면 됩니다."

나는 지인에게 경험담을 하나 들려주었다.

어느 주일 길게 늘어선 노숙자들에게 물수건을 나누어 주고 있었다. 노숙자 피터가 한 동료와 이야기를 나누다 나의 발걸음을 잡았다. 나에 관한 이야기를 하고 있었던 듯싶었다.

"바로 이 친구야. 허름한 행색의 나를 당연히 모른 척 하고 지나칠 줄 알았지. 나도 자존심을 먹고 살잖아. 그 날 정말 고마웠어."

그 날 나는 직장 동료와 점심을 하러 회사 근처 한 음식점에 갔다. 점심때면 손님으로 항상 분비는 음식점 입구에 낯이 익어 보이는 한 백인이 얼쩡거리는 게 눈에 띄었다. 그는 식당 손님들에게 구걸을 하는 듯 보였다. 다가가 보니 피터가 분명했다. 알코올 중독으로 노숙자 신세가 된 그는 내가 영어로 책을 출간하면 감수를 해 주겠다는 문학도이다. 피터가 나를 알아본 모양인지 얼른 고개를 돌려 나를 외면했다.

'아는 체 할까? 동행이 있는데 창피스럽게……. 못 본 체 하지 뭘. 피터도 고개를 돌렸는데.'

순간 나는 심한 갈등에 휩싸였다. 지혜로운 순간 판단이 이토록 어려울 줄이야……

그를 결코 그냥 지나칠 수가 없었다. 나는 고개를 돌리고 있는 피터의 어깨를 툭 쳤다.

"피터, 만나서 반가워. 애인과 점심 약속이라도 있는 거야. 우리 점심이나 할까?"

"고맙네, 아무래도 애인을 기다리는 게 나을 듯해."

고개를 들어 나를 잠시 쳐다본 피터가 점심 제의를 지혜롭게 사양하며 빙긋 웃었다.

"갚지 못할 사람을 도와라." 어머님의 말씀이 문뜩 생각났다. 받은 은덕을 저버릴 배은망덕할 사람을 도우라는 뜻이 아니다. 베푼 은덕은 잊으라는 말이다. 갚을만한 사람을 돕고 보상을 기대하다 배신감을 느끼면 배은망덕 소리가 나온다는 거였다. 배은망덕이란 말이 베푼 자의 입에서 나오면 영 듣기에 거북하다. 베푼 은덕에 대한 최대의 보상은 기쁨이 아닐까 한다. 받은 은혜는 바위에 새기고 베푼 은혜는 물에 새겨야 한다.

"오늘 저 도와주신 것 물에 새기셨겠지요?" 시청을 나서며 지인이 나를 보고 웃었다.

아참! 내가 받은 그 많은 은혜들은 어디에 새겨놓았지?

나를 살리는 용서

 새해를 맞으면 각종 운동 클럽들은 신체를 건강하고 멋지게 가꾸기로 결단한 신입회원들로 북적거린다. 그러나 운동 못지않게 중요한 것은 건강을 해치는 나쁜 습관과의 결별이다. 새해가 되면 단골로 등장하는 결별 대상은 흡연, 음주, 나쁜 식습관 따위인데 여기에 분노도 끼워 넣고 싶다.
 인간관계의 불협화음에서 생기는 분노만큼 위협적인 건강의 적도 없다. 분노는 미국 내 사망원인의 40% 이상을 차지하는 심장 및 혈관 질환의 주범인 고혈압의 원인이 되기도 하고 쌓인 분노가 순간적으로 폭발하면 통제 불능이 되어 인명까지 앗아가는 비극의 씨가 되기도 한다. 살다보면 의분에 떨어야 할 때도 있겠지만 일상의 분노는 모두 건강과 만수무강의 적이다.
 예수님도 때로 화를 내셨고 언짢은 행동을 보면 부처님도 돌아앉는다는데 하물며 인간이 화를 안내고 살 수는 없다. 인간관계에서 생긴 분노의 피해자가 되지 않는 길은 용서 밖에는 없는 것 같다. 최근 나도 분노의 피해자가 됐던 경험이 있다. 20여 명이 함께 한 어느 회식 자리에서였다.
 회식 자리가 한창 무르익고 있을 무렵이었다. 내 앞자리의 P가 느닷없이 까마득히 잊고 있었던 악몽 같은 그 순간을 들추어냈다. 나와 함께 지난 어느 친교 모임에 참석했던 P는 그 날의 악몽을 비디오처럼 되살려냈다. 한 친지의 부탁으로 나는 그 모임에서 여흥 순서 하나를 맡았었다.

"30분을 약간 넘겨도 괜찮아요." 하는 말을 곧이 믿고 준비했는데 알고 보니 10분 정도 배당된 순서였다. 나름대로 성의껏 준비했으나 마음이 조급해져 서두르는 바람에 분위기가 뒤숭숭해졌다. 시간에 쫓긴 사회자도 연신 시계를 들여다보며 나에게 무언의 압력을 가해왔다. 20여 분을 소비하고 떠밀리듯 허둥지둥 단을 내려오는데 뒤통수가 화끈거리며 영 벌레 씹은 기분이었다. 찜찜한 기분이 가시지 않고 며칠간 지속되었으나 악몽 같은 그날의 기억은 다행히 시간 속에 묻혀 잊혀졌다.

P는 내가 진행했던 순서가 지루했었다는 등 비판을 늘어놓기 시작했다. 짐짓 태연한 척 했으나 속은 치미는 분노와 모멸감으로 부글부글 끓고 있었다. 내가 말꼬리를 잡거나 반론을 펴면 그는 얼씨구나 하고 나와 한판 벌일 기세였다. 자초지종을 모르는 대부분의 참석자들은 끼리끼리 대화를 나누면서도 다소 긴장된 표정으로 P의 발언을 엿듣는 눈치였다. P는 하고 싶었던 말을 다 털어놓고서야 다음 화제로 옮겨갔다.

분노를 안고 귀가 길에 올랐다. 말대꾸 한마디 못하고 당한 내가 원망스러웠다. 꼭 하고 싶은 조언이라면 나에게만 살짝 해주면 될 일이었다. 공개석상에서 불쑥 행한 P의 인신 공격적 발언은 도저히 용납할 수도, 용서할 수도 없었다.

잠자리에 들었으나 정신이 말똥말똥해지며 잠을 이룰 수가 없었다. 머리가 베게에 닿기 무섭게 잠에 떨어지는 내가 홀딱 날밤을 새울 것만 같았다. 혈압이 오르는지 뒷머리가 지끈거렸다. 심장도 마구 벌렁대고 맥박도 엇박자로 제멋대로 뛰었다. 평상시에는 전혀 없었던 신체적 증세였다. 분노를 지속한다는 것은 얼마나 심신을 탈진시키는 소모적인 행위인가?

분노를 야기한 가해자 P는 두발 뻗고 세상모르고 잠들어 있을 터인데 분노의 피해자는 잠 못 이루며 계속 고통을 당해야 한다는 것은 참으로 불공정한 일이었다. 나의 분노가 P를 겨냥하고 보복을 벼르고 있는 한 나는 내 행복의 주인이 될 수 없었다. 내 행복의 통제자는 바로 P인 셈이었다. 시간은 이미 자정을 넘기고 있었다. 그의 사과를 꼭 받아내야만 했다. 나도 모르게 전화기로 손이 뻗혔다.

전화기를 들고 나는 잠시 고조된 감정을 달랬다. 그가 사과를 않겠다면 나는 더 큰 상처를 입지 않을까? 평소 태도로 미루어 보아 그가 나를 비방할 이유가 없지 않은가? 비방처럼 들렸지만 그것은 근거 있는 비판과 충고가 아니었을까? 양약은 본래 쓰다고 하지 않는가? 한밤에 자는 사람 깨워 따지는 것도 나쁜 매너가 아닐까? 내 귀가 칭찬에만 길들여져 사소한 비판에도 쉽게 마음이 상한 게 아닐까?

나는 전화기를 내려놓았다. 분노를 새로운 시각에서 차분히 바라보는 사이 야생마 같던 분노가 어느 새 순한 양처럼 순치되어 있었다. 나는 더 이상 분노의 피해자로 남고 싶지 않았다. 내가 받은 상처가 한 때라면 용서를 하지 않음으로 내가 입을 피해는 내 무덤까지 따라올 판이었다. "내 눈에 흙이 들어가도 용서할 수 없다."는 사람처럼 불행한 인간이 어디 있을까? P를 용서하기로 했다. 용서를 통해 나는 내 삶의 통제권과 행복의 열쇠를 P로부터 되찾아왔다. 마침내 잠이 쏟아지기 시작했다.

내가 베푼 용서의 수혜자는 바로 나였다. 어찌 보면 가장 고귀하고 이타적인 행위인 용서만큼 이기적인 행위도 없는 것 같다. 만수무강을 위해 운동이나 건강식 못지않게 중요한 것은 건강한 인간관계이다. 성경 말씀처럼 분노는 해가 지기 전에 푸는 게 좋다.

'낮아짐'의 달인

 성탄절을 앞둔 연말을 맞아 서울의 형과 전화로 이런저런 이야기를 나누다 작가 X가 화제에 올랐다.
 "네 동창인줄 아는데 널 모른다고 한 마디로 딱 잘라버려."
 얼마 전 서울에서 열린 X의 특별강연회에 참석했다가 강연 뒤 그와 인사를 나눌 기회가 있었다고 했다.
 "네 이름을 대고 동생이라고 했다가 참 민망해서 혼났다."
 X의 애독자이자 열렬한 팬이기도 한 형은 더 이상 말붙일 빌미조차 주지 않으려는 그의 태도에 적잖이 자존심이 상한 듯 했다.
 X는 한국의 저명한 소설가이다. 나는 그가 나를 모른다고 말한 것이 진실이라고 믿고 싶다. 수많은 고교 동창 가운데 하나인 나를 70년도 초에 잠시 쌓은 일천한 인연만으로는 기억해 내지 못할 수도 있기 때문이다. 그러나 마음 한구석에서 움터 오르는 섭섭한 감정을 지울 수는 없었다.
 70년대 초 내가 문화부 기자로 근무했던 서울신문사 편집국에서 X를 만났다. 고교 졸업 후 10여 년 만이었다. 당시 그는 장래가 촉망되는 젊은 소설가로 널리 알려져 있었다. 문인들이 글을 써서 먹고 살기가 그리 녹녹치 않던 시절, X는 내가 근무하던 신문사와 중편 소설 연재 계약을 맺었다.
 자연히 그와의 접촉이 잦아졌다. X는 가끔 문화부에 모습을 나타냈고 문화부에 동창이 근무하고 있다는 사실을 내심 다행스레 여기는 눈치였다. 내가 도움을 줄지언정 손해를 입히지 않을 존재라는 것을 그는 잘 알고 있을 터였다.

문화부장은 그가 나와 동창이라는 이유로 종종 그와의 연락업무를 맡겼다. 원고 독촉도 하게 했고 원고료 전달도 부탁했다. 복더위가 한창이던 여름날 원고료를 전해주고 보신탕을 대접받은 기억도 있다. 그가 잠시 국외에 체류하며 미국을 방문했을 때에는 몇몇 친구들과 어울려 회식자리를 마련하기도 했다. 그 자리에서 나는 그의 친필 서명이 들어간 신간 소설을 선물로 받았다.

아득해진 그와의 인연을 잠시 회상하다 보니 섭섭한 마음이 조금 더 짙어졌다. 인기를 타고 한껏 위상이 높아진 X가 번거롭고 하찮은 인연들을 가지 치듯 잘라내며 살지도 모른다는 생각이 얼핏 스쳐나갔다.

"설사 너를 생판 모른다하더라도 '아, 그러시냐' 고 한마디 해주고 넘어가면 제 명예나 지위가 땅에 떨어지기라도 하냐? 지위가 높아지면 사람이 오만해져서 대화가 막혀버려."

대회사의 중역으로 은퇴한 형은 명예, 권력, 재력 등 가진 자의 오만을 질타하고 가진 자와의 소통 부재의 원인을 오만에서 찾았다. 결코 그럴 사람이 아니라고 내가 X를 두둔하자 형은 동창이라고 그를 너무 감싸려들지 말라며 나를 나무랐다.

나는 형과 대화를 나누다 기독교의 큰 화두인 '낮아짐'을 떠올렸다. '낮아짐'은 가진 것을 내려놓고 겸손을 실천하는 헌신적 행위이다. 낮아짐은 높이 오른 자의 의무이다. '가진 자의 도덕적 의무'를 뜻하는 불어의 '노블레스 오블리주'도 한마디로 '낮아지라'는 주문이 아닐까 한다.

무엇을 내려놓고 낮아질 것인가? 내려놓을 대상은 권력, 명예 혹은 재력 자체보다도 그 안에 둥지를 틀고 자라나는 오만한 마음이다. 낮아지기 위해 안간힘을 다해 올라갈 필요는 없다. 너도 나도 갖고 있는 자존심만 조금 내려놓아도 세상은 더 밝아질 터이니까.

겸손만큼 큰 미덕은 없다. 특히 가진 자의 겸손은 사람을 쉽사리 감동시킨다. 아프리카 수단을 찾아가 의사로서 낮아짐을 실천하다 떠난 이태석 신부의 헌신적 생애를 세상 사람들은 얼마나 흠모하고 칭송하는가?

크리스마스 덕분에 먹고 마시고 웃고 떠들고 쉬며 즐기면서도 그 의미를 잊은 채 맞고 보내는 연말이다. 하늘 보좌를 버리고 인류 구원을 위해 인간의 모습으로 가장 낮고 비천한 곳에 오신 예수님이야말로 낮아짐의 달인이요, 화신이다. 한번 낮아져 보자. 세상이 그대를 높여주고 존경할 것임에 틀림없다. 메리 크리스마스!

동정굶식

회사 내 자동판매기에서 뽑은 샌드위치 한쪽으로 대충 점심을 때우고 퇴근길 피트니스 클럽에 들려 땀까지 쏟아낸 탓인지 뱃속에서 새어 나오는 쪼르륵 소리가 유난스레 크게 귀청을 울렸다. "오늘 저녁은 최상의 반찬인 시장기마저 곁들였으니 한번 푸짐하게 먹어보리라." 벼르며 나는 마켓에 들려 손가락 굵기의 날 새우 1파운드와 손바닥 크기의 물 좋은 연어 살 세 토막을 사들고 귀갓길을 재촉했다. 매콤한 양념 소스와 레몬즙을 짜 넣고 바비큐 그릴에 구워 먹을 생각을 하니 입안에 스르르 군침이 돌았다.

나는 집에 도착하기가 무섭게 그릴을 꺼내 밥상 위에 올려놓고 야채를 썰어 샐러드를 만드는 등 부산을 떨어가며 교회 기도모임에 나간 아내 대신 저녁식사 준비를 끝내고 초등학교 일학년인 아들 유리(Yurie)의 방을 향해 소리쳤다.

"야, 저녁 먹었냐?"

방안에서 무엇을 하다 나오는지 녀석이 두 어깨를 축 늘어뜨리고 나타나는데 영 기력이 없어보였다. 이상한 예감이 들었다.

"웬 일이야?"

"아빠, 오늘 나 저녁 굶을 거야."

"배탈 났냐?"

"그게 아니고……. 나 오늘 금식 중이야."

(금식이라니? 아차, 오늘이 성 금요일 아닌가!)

부활절을 맞아 오늘 하루 금식을 하기로 했는데 일단 자정을 넘겨야 음식을 먹을 수 있다는 것이다. 사정이 그러하니 걱정 말고 어서 저녁이나 들라는 거였다. 자정까지는 아직도 네 시간이나 남아있었다. 뱃속에서는 음식을 넣어달라고 보채며 계속 아우성을 쳐대고 있지만 금식 중인 어린 자식을 앞에 두고 애비가 어찌 홀로 저녁식사를 즐길 수가 있겠는가?

나는 잡았던 숟가락을 내려놓고 아들 따라 저녁 한 끼 금식하기로 마음을 굳혔다. 동기가 순수하지 않으니 금식이라기보다는 동정굶식(?)이 합당한 표현이 아닐까 싶었다. 나는 다 차려놓은 밥상을 물리고 아들과 마주 앉았다.

"기분이 어떠냐?"

"배고픈데 말 시키지 마."

"겨우 세 끼 거르는데? 심심한데 TV나 켤까?"

TV를 켜려는 순간, 녀석이 질겁하며 리모트컨트롤을 가로챘다.

"아빠, 켜지마!"

TV에 나오는 식품 광고가 대단히 유혹적이어서 금식 의지에 지대한 악영향을 끼친다는 것이었다.

"너 금식 처음이냐?"

"언젠가 배가 아파 두 끼를 거른 적은 있지만 처음이야. 그 때는 배가 하도 아파서 배고픈 줄도 몰랐었거든."

"이젠 배고픈 기분이 어떤지 알겠냐?"

녀석이 고개를 끄덕였다. 금식과 '굶식'을 혼동시키는 데서 오는 죄책감이 들기는 했지만, 나는 배고픔과 기아에 대한 산교육을 행할 수 있는 절호의 기회를 잡았다 싶어 배곯던 어린 시절의 체험담과 기아의 현장을 생생하게 증언하기 시작했다.

6·25전쟁 중 맹물에 된장 풀어 마셨던 일, 중학교 시절 점심시간에 젓가락만 들고 다니며 친구 도시락 십일조 떼어 먹고, 휴식시간 잽싸게 친한 급우들의 도시락 몰래 축내던 일, 끼니는 걸렀어도 수업은 거르지 않았다는 이야기, 쌀밥에 고깃국 한번 실컷 먹어보고 죽으면 한이 없겠다는 북한동포들의 참상 등 나는 아들에게 많은 이야기를 들려주었다.

끝으로 가난은 대단히 불편할 뿐 결코 수치는 아니라는 영국 목사 시드니 스미스(Sidney Smith)의 말과 '서로 섬기고 나누는(care and share) 것이 인생'이라는 나의 인생관의 일단도 전했다. 시간은 자정을 넘어서고 있었다.

"아빠, 햄버거 사러 가."

아들과 나는 사온 햄버거를 가운데 놓고 마주 앉았다.

"네가 음식을 위해 기도해라."

"예수님은 사십 일 금식을 하시고도 사탄의 유혹을 거뜬히 물리치셨는데, 겨우 하루 금식하면서 배고픔을 참지 못하니 부끄럽습니다. 굶는 사람이 많다고 하는데 음식을 주셔서 감사합니다. 예수님의 이름으로 기도합니다. 아멘!"

아들의 기도가 끝나고 부자는 함께 햄버거를 맛있게 먹었다.

추신: 유리는 현재 남가주 얼바인(Irvine) 시에 있는 미국교회 Irvine Community Church 담임목사이다.

두 '찰리' 이야기

"찰리가 안 돌아왔어요. 아무 때나 들어오라고 밤새 밴의 문을 조금 열어 놓고 잤는데……." 다이애나의 두 눈에 그렁그렁하던 눈물이 큰 방울이 되어 뚝 떨어졌다.

"언젠가 외박하고 들어 온 적도 있었잖아요." 나는 그녀의 등을 토닥이며 위로했다.

가끔 저녁나절 풀어주면 친구들과 실컷 놀다 귀가하곤 했다는 찰리. 다이애나는 찰리가 외출을 하는 날은 그가 귀가할 때까지 마음을 놓지 못했다. 밤거리 친구들의 꼬임에 빠져 가출하지나 않을까, 밤거리를 쏘다니다 차 사고는 당하지 않을까, 개나 야생동물의 습격을 받지는 않을까, 항상 마음을 졸였다. 찰리는 그녀가 자식처럼 키우는 수고양이 이름이다. 그녀의 남편 이름이 찰리여서 아들을 '찰리 주니어'라고 부르기도 한다.

흑인인 다이애나와 찰리는 60에 접어든 금슬 좋은 홈리스 부부다. 건강 잃고 집 잃고 낡은 밴을 몰고 다니며 생활한다. 남편 찰리가 심장질환을 앓고 있다. 나는 그들을 주일 아침 '베델 한인 교회'가 노숙자들에게 아침식사를 제공하는 산타아나 시청 앞 봉사 현장에서 자주 만난다. 자식이 없는 이들 부부에게 찰리는 친자식 못지않았다. 처음 내가 멋모르고 찰리를 가리키며 "네 고양이냐?"고 물었을 때, 다이애나는 정색을 하고 나를 힐책했다. "고양이라니? 내 자식인데!"

13년 전, 일곱 번 유산을 경험한 다이애나 부부는 자식을 포기하고 살다 생후 2주된 찰리를 맞아들였다. 다이애나는 남편과 자식을 모두 찰리라고 불렀다. 그녀에게는 남편과 자식을 구별해야할 아무런 이유가 없는 듯 보였다. 그러나 한 동안 아들의 이름 역시 찰리인줄을 몰랐던 나는 심한 혼돈을 체험했다.

 "찰리가 배탈이 나서 약을 사왔는데 안 먹겠다고 저렇게 버티니 어쩌지." 이불을 머리 위까지 뒤집어쓰고 누워 있는 남편 찰리 곁에 아들도 축 늘어져 누워 있었다.

 "찰리가 바람이 났지 뭐에요. 노숙자 친구가 어제 밤 밀애 현장을 목격했대요."

 얼굴에 미소까지 띄며 남편의 애정행각을 전하는 다이애나가 도통한 여자처럼 보였다.

 한번은 찰리가 토해낸 '헤어볼'이라며 골프공보다 약간 작은 털 공을 나에게 보여주었다. 나는 남편 찰리가 애들처럼 별스런 장난감을 다 갖고 논다고 생각하며 피식 웃었다. 고양이를 키워본 경험이 전혀 없는 나는 '헤어볼'이 장난감인줄 알았다.

 나는 다이애나를 통해 고양이에 관한 적잖은 지식을 얻었다. '헤어볼'이 자기 털을 핥고 다듬는 습성이 있는 고양이가 삼킨 털이 위 안에서 뒤엉켜 공처럼 뭉쳐진 것이라는 사실을 처음 알았다. 고양이 나이를 인간 나이로 환산하는 간단한 계산법도 배웠다. 한 살짜리 고양이는 인간 나이로 15세, 두 살은 24세, 세 살부터는 4년씩 더해주면 상응하는 인간 나이가 된다. 고양이는 네 살이 전성기이다. 평균 수명은 15년, 인간의 평균수명 76세에 해당한다.

 "저 녀석이 13 살이니 실은 나보다도 더 늙었거든. 인간 나이로 치면 68세에요."

다이애나는 노쇠 현상이 두드러지기 시작한 아들을 애처롭게 쳐다보며 종종 눈시울을 붉히기도 했다. 사뿐 사뿐 뛰어 오르내리는 동작이나 꼬리를 꼿꼿이 세우고 다가와 머리를 비벼대는 어리광을 보기가 힘들어 졌다는 것이다. 잠도 많아졌고 청력이 떨어져 말귀도 어두워졌다고 했다.

일주일 뒤 산타아나에서 다이애나를 다시 만났으나 아들 찰리의 모습은 더 이상 보이지 않았다. 앞발로 잠든 엄마의 머리를 톡톡 치거나 껄끄러운 혀로 얼굴을 핥아 깨워 아침밥을 챙겨 먹던 아들 찰리를 회상하며 다이애나는 목이 메었다. 그녀는 찰리가 자택을 소유한 새 부모(?)를 만나 여생을 행복하게 보내기를 기원했다.

다이애나에게는 꿈이 있다. 홈리스 생활을 청산하고 캠퍼나 RV를 하나 구해 여생을 보내는 것이다. 그날이 오면 찰리 같은 자식 하나 또 입양해서 오순도순 재미나게 살 거라며 그녀는 애써 웃음을 지어보였다. 옆에 서 있던 남편 찰리가 아내를 꼭 끌어안으며 그녀의 눈물을 닦아주었다. 그들의 꿈이 꼭 이루어지기를!

무는 개미 돌아본다

일전 집안 서재에서 책을 보고 있는데 갑자기 종아리가 따끔했다. 평소 그랬듯이 무시하고 무덤덤하게 지나치거나, 반사적으로 물린 부위를 겨냥해 손바닥으로 한 대 올려붙이고 나면 아무 일도 없었던 듯 상황이 끝났어야 옳았다. 집 안팎에서 늘 보는 개미한테 물린 걸 화제 삼아 떠벌려야 할 정도로 내 삶이 그토록 따분한 편은 아니니까. 그런데 이번에는 입 다물고 잠자코 지나칠 수가 없었다.

"쪼그만 게 어쩜 요롷게 따끔하게 물지?"

개미한테 물리면 따끔한 거야 말을 못했을 뿐 젖먹이 때부터 잘 아는 사실 아닌가. 그런데 마치 60여 평생 처음 물려본 듯 그런 상식 같은 사실이 왜 새삼스레 강한 의문으로 다가왔는지 모르겠다. 그 날 나를 문 놈이 슈퍼 개미여서 유별나게 세게 문 것 같지는 않았다. 그렇다고 내 피부가 최근 자극에 지나치게 예민해진 탓도 아니었다.

슬그머니 엄지와 검지 손톱으로 내 손등을 꼬집어보았다. 별로 아픈 느낌이 전달되지 않았다. 좀 더 힘을 주어 꼬집었다. 여전히 개미에게 물렸을 때의 따끔한 그 맛이 재현되지 않았다. 왠지 개미에게 한방 먹은 기분이었다.

나는 개미 한 마리를 생포했다. 길이가 3밀리미터도 채 안 되는 미물이었다. 진행방향을 보아야 겨우 앞뒤를 분별할 수 있을 정도였다. 더군다나 턱은 육안 관찰이 거의 불가능했다. 놈을 한방에 눕혀 고배

율의 확대경으로 관찰해보았다. 좌우로 작동하는 집게를 갖춘 턱이 클로즈업되며 제법 위용을 드러냈다. 육안으로는 식별조차 어려운 작은 턱에서 어떻게 그런 따끔한 맛이 나올까?

혹시 내가 '따끔한 맛'의 비밀에 최초로 의문을 던진 게 아닐까 하는 즐거운 상상을 하며 인터넷으로 자료를 검색하기 시작했다. 역시 한발 앞서 '따끔한 맛'의 비밀을 들여다본 과학자들이 있었다. U.C. Berkeley의 생체역학 교수인 쉐일라 파텍 교수와 공동연구 팀이 몇 해 전 미국 과학원(National Academy of Sciences) 회보에 발표한 '집게 턱 개미'에 관한 연구 결과가 얼른 눈에 잡혔다.

연구 팀은 날아가는 총알을 잡아내는 초고속 첨단 촬영기를 이용해 중남미에 서식하는 '집게 턱(Trap-Jaw) 개미'가 물때 턱의 속도가 시속 100킬로미터에서 최고 180킬로미터에 이른다는 사실을 밝혀냈다. '집게 턱 개미'의 무는 장면은 보통 카메라로는 촬영이 불가능하다. 이 개미의 턱은 동물의 신체 기관 가운데 가장 빠른 속도로 작동하며 중력의 약 10만 배의 가속도를 낼 수 있다고 한다. 이 속도는 눈 깜짝하는 사이보다 약 2,300배나 빠른 것이다. 이때 개미 몸무게의 300배가 넘는 힘이 순식간에 터져 나온다. 물체를 가속시키면 큰 힘을 얻게 된다는 것은 아주 간단한 물리학 법칙이다. 나를 문 개미의 공인기록을 알 수 없으나 '집게 턱 개미'의 세계신기록에 크게 뒤진다 하더라도 '따끔한 맛'은 빠른 속도로 작동하는 강한 턱에서 나온 것임에 틀림없다.

'따끔한 맛'을 보고 나는 이제껏 모르던 개미에 관한 놀라운 새 사실을 알게 되었다. 이쯤해서 개미 이야기를 끝맺을까 했는데 개미는 따끔한 맛을 통해 한수 제대로 배우라는 듯 집요하게 나를 물고 늘어졌다. 무는 개 돌아보듯이 나는 무는 개미를 돌아보았다.

개미는 지극히 작은 '따끔한 맛'을 통해 인간이 오감을 통해 저지르는 감각적 판단의 오류와 감각적 세계의 히구를 고발하려는 것 같았다. "삭다고 약한 게 아니며, 보이지 않는다고 존재하지 않는 것은 아니지요. 냄새가 난다고 다 더러운 게 아니며, 귀에 거슬린다고 다 잡소리가 아니에요. 입에 쓴 게 다 독이 아니요, 보기 흉하다고 다 추한 게 아닙니다. 반짝이는 게 다 금이던가요. 진리는 눈에는 잘 보이지 않아요. 약하게 보이는 게, 실은 가장 강할 수가 있지요. 비천한 것이 가장 귀한 것일 수가 있고요. 작고 약하고 비천하게 보인다고 무시하지 마세요. 작고 연약한 아기로 오신 예수님이 약자이던가요? 따끔한 맛에 정신 차리면 뜨거운 맛을 피할 수 있지요." 작은 개미 소리로 따끔하게 나를 훈계한 개미가 드디어 물었던 턱을 풀어 나를 놓아주었다.

미운 놈 떡 하나 더 줘라

'부처님 가운데 토막' 같이 어질고 착한 사람도 사노라면 '미운 놈' 한둘쯤은 생기게 마련이다. 지인들과 이야기를 나누다 보면 곧잘 '미운 놈'이 화젯거리로 등장한다. 때로 입에 거품을 물고 '미운 놈' 성토를 해대면 듣기에 민망할 지경이다. 심한 경우 '미운 놈'이 나타나면 슬그머니 자리를 뜨거나 그가 참석하는 자리에는 아예 모습을 나타내지 않는 지인도 있다.

너무 설친다, 잘난 체 한다는 등 미워하는 사연이 별 게 아닌 것 같아도 좀체 융화가 안 되는 모양이다. 어지간히 아둔하지 않고서야 '미운 놈'인들 상대가 저를 미워하는 사실을 모를 턱이 없다. '미운 놈'도 상대를 똑 같이 '미운 놈' 대접할 것임에 틀림없고 보면 이거야말로 악순환이다. 이 악순환의 고리를 끊는 확실한 방법이 바로 '미운 놈 떡 하나 더 주기'가 아닐까 한다.

어렸을 때부터 어머니로부터 자주 듣고 자란 탓인지 '사이가 나쁘다.'는 소리를 들으면 곧잘 이 속담이 떠오른다. 내 입에 넣기에 급급한 철없던 나이에는 '미운 놈'에게 먹던 떡을 한 입 베어 먹게 하는 것도 통 큰 결단이었다. 철이 좀 들면서 '떡 하나 더'는 곧 관용과 포용이요, 미움이 둥지를 틀지 못하게 하려는 적극적이며 능동적인 태도임을 깨달았다. "네 아버지 죽인 원수한테도 떡 하나 더 줬지. 미워하면 버릇된다." 하시던 어머니에게는 분명 미운 사람이 없었다.

이 속담은 '원수를 사랑하라.'는 예수의 가르침과 통한다. '미운 놈'이 다 원수는 아닐지라도 원수가 '미운 놈'임에는 틀림없다. 한국인 제자가 예수께 "원수를 어떻게 사랑하라 하나이까?" 물었다면 예수께서는 주저 없이 "미운 놈 떡 하나 더 줘라." 하셨을 것 같다.

일본은 한국의 미운 이웃이다. 과거 못할 짓을 크게 저지르고 제대로 용서를 구하지도 또 용서를 하지도 않은 사이이니 아직도 관계가 껄끄럽다. 섬세하고 예민한 성정의 일본인들이 자신들이 한국의 '미운 이웃'임을 모를 까닭이 없다.

"발 벗고 나서 성금을 걷고 있는데 뒤통수를 쳐!" "참회할 줄 모르는 사악한 놈들은 당해도 싸지, 싸!" "돈 많은 일본을 왜 도와야 하는데?" "한일 과거사를 한번 제대로 들여다 봐. 그래도 순수하게 돕고 싶은 마음이 생기나."

최근 일본 후쿠시마 지진 피해 돕기 모금운동이 한창인 가운데 일본서 불거져 나온 독도 영유권 문제로 미운 이웃을 도와서는 절대로 안 되는 이유가 각종 매체를 통해 봇물처럼 터져 나왔다. 모금액이 격감되었고 일본 성토 운동이 거세게 일어났다. 그러나 "독도와 무관하게 시작된 모금운동의 초심을 그대로 성금에 담아 전달하는 것"이 반일(反日)과 극일(克日)을 넘어 일본을 이기는 길이라고 나는 굳게 믿고 있다.

지진, 쓰나미, 방사능 누출로 고난을 낳고 있는 일본에 우승컵이 하나 안겨졌다. 같은 호모사피엔스인 온 인류의 이름으로 안겨준 '매너의 달인' 우승컵이다. 자연 재해로 생사가 갈리는 극한 상황 속에서 인간이 평정심을 잃지 않고 얼마나 인간답게 의연하게 처신할 수 있는가를 영상으로 전 세계에 생생하게 보여준 최초의 역사적 사례가 아닌가 한다.

일본이 재해를 통해 성숙한 매너를 보여주었듯이 과거 일본이 일으킨 식민 통치의 쓰나미로 엄청난 피해를 입은 한국이 의연한 모습으로 가해국인 일본을 돕는다면 일본은 물론 전 세계에 한국인의 성숙한 매너를 각인시킬 수 있는 천재일우의 기회가 되지 않을까?

일본 도쿄의 전철역에서 철로에 떨어진 일본인 취객을 구하려다 죽은 한국인 유학생 이수현군을 10년이 지난 이 순간도 잊지 않고 추모하는 민족이 또한 일본인이다. 그의 추모 영화 '너를 잊지 않을 거야' 시사회에 일본 천왕 부부가 참석했으며, 추모기념 '이수현 아시아 장학회'에는 일만여 명의 일본인이 지금까지 꼬박꼬박 성금을 보내오고 있다고 한다.

한 한국인의 희생을 계기로 일본인의 한국관이 바뀌고 한류 붐의 바탕이 됐다는 도쿄 신문의 기사는 분명 진실은 통한다는 사실을 보여준다. 독도 생각한 하면 속이 뒤집혀도 '미운 놈 떡 하나 더 준다.'는 우리 선조들의 넉넉한 마음으로 한국이 일본을 능가하는 성숙한 매너의 선진국으로 도약한다면 얼마나 좋으랴.

성탄 선물로 받은 '본전'

세월이 나를 원치 않는 곳에 부려놓기라도 한 듯 무심한 세월을 탓해보다가 만만한 하나님을 향해 투정을 부려본다. 한번 지핀 불만의 불씨는 쉬이 사그라지지 않는다. 꼬리를 물고 이어지는 상념을 털고 일어나 실험대 위에 휙 던져놓았던 안경을 집어 쓰고 반송된 고무 샘플을 향해 손을 뻗쳤다.

갑자기 시야가 흐려지며 어질어질 현기증이 일기 시작했다. 실험실 벽시계가 두개로 보이고 샘플을 잡으려던 왼 손이 허공에 크게 헛손질을 해댔다. 중심을 잃고 다리를 헛디뎠다. 몸의 중심이 왼쪽으로 옮겨간 느낌이다. 근무 중에 이게 무슨 변고인가?

'아! 뇌졸중?' 뇌 속에 제멋대로 입력되어 있던 뇌졸중의 초기증상들이 경쟁하듯 앞 다투어 하나둘 뛰쳐나왔다. 내 몸에서 일어나고 있는 바로 그 증상들이다. 겁이 털컥 났다.

'건강'이 믿지 못할 상대라고는 하더라도 혈압, 콜레스테롤, 혈당에다 체중까지 지극히 정상인 나에게 뇌졸중이 어디 말이나 될법한 소리인가. '건강'이란 놈이 이런 식으로 나의 뒤통수를 칠 줄은 꿈에도 상상 못했다. 나도 '건강'을 위해 섭생과 운동을 통해 할 만큼 잘 해주었으니까. 하나님도 너무하시지 성탄절을 코앞에 두고 선물은 고사하고 하나님의 자녀에게 이런 날벼락을 내리시다니…….

최근 한 친구로부터 뇌졸중 초기증상을 자각하고 지체 없이 스스로 차를 몰고 병원 응급실로 달려가 심각한 위기의 순간을 간발의 차로 모면했다는 얘기를 들은 기억이 떠올랐다. 겉으로는 멀쩡한 체 태연을 가장하며 벌써 몇 분을 지체한 것 같았다. 더 이상 머뭇거릴 여유가 없었다.

'인사부에 보고하고 911신고를 하게 할까? 아니면, 아직은 사지가 말을 듣고 있는 것 같으니 직접 차를 몰고 근처 병원 응급실로 내달릴까?'

30여 년 조용히 직장생활을 해오다 은퇴를 앞두고 한바탕 큰 소동을 피워야 한다는 게 내 마음을 짓눌렀다. 몇 년 더 일을 하고 회사를 그만둘 작정이었는데 계획에 차질이 빚어질게 불을 보듯 뻔하다. 그나저나 뭉그적거리다 촌각을 다투는 치료의 적기를 놓쳐 큰 불행을 자초하는 게 아닐까 겁이 덜컥 났다. 반신불수가 된 나의 흉측한 모습도 눈앞에 그려졌다.

나는 침착해지려고 노력했다. 당황해하는 나의 모습을 회사원들에게 보일 수는 없다. 우선 내 몰골이나 한번 들여다보고 일을 벌이고 싶었다. 실험실 싱크대 벽에 걸린 거울 앞으로 조심스레 다가갔다.

거울에 흐릿하게 내 모습이 드러났다. 눈의 초점이 잡히질 않는다. 거울에 바싹 다가섰다. 잔뜩 일그러진 얼굴이 나타났다. 마음에 안 드는 내 얼굴을 노려보았다. '이상하다?'

나는 끼었던 안경을 벗어 코앞에 바싹 대고 들여다보았다. 어? 나도 모르게 실소가 터져 나왔다. 팽배했던 긴장감이 한순간에 확 풀어졌다.

왼쪽 안경알이 빠져버렸을 줄이야……. 말이 안경알이지 나의 눈알 같은 존재 아닌가. 나는 실험대 위에서 빠진 안경알을 찾아냈다. 철저한 검증을 거쳐 제출한 우리 회사 제품에 불합격 판정을 내린 한 외부 실험실의 보고서를 검토하느라 안경을 벗어 실험대 위에 휙 던져놓았었는데 그때 안경알이 빠져버렸던 모양이었다. 일전에도 한번 빠져 끼어 넣은 적이 있었다.

실험 결과에 대한 불만의 불씨가 내 삶 속 메마른 이곳저곳에 옮겨 붙으며 하나님을 원망하다 겪은 5분간의 해프닝이었다. 안경알을 끼우자 마술을 부리듯 잠시 사라졌던 건강이 5분전의 나와 함께 돌아왔다. 나는 잃었던 본전을 되찾았다. 본전 찾은 기쁨이 이토록 감격스러울 줄은 미처 몰랐다. 마치 오랜 뇌졸중에서 기적적으로 회복된 기분이었다.

이 해프닝은 잠시 감사를 잊고 삼천포로 빠지던 나를 위해 하나님이 다급히 마련하신 성탄 선물임에 틀림없다. 하나님이 인간을 깨우치는 방법은 참으로 기기묘묘하다. 안경알을 잠시 빼내 본전이 감사의 조건임을 깨닫게 하시다니……. '범사에 감사하라'는 성경말씀은 '본전에 감사하라'는 말씀이요, '현재에 감사하라'는 말씀이 아닐까? 범사에는 걱정거리도 끼어있게 마련이다. '본전'은 '현재'의 또 다른 표현이다. 본전이야말로 가장 귀하고 값진 선물이다.

옥중 서신

아들 유리에게,

　벼르고 벼르던 이 편지를 서둘러 너에게 띄우기로 한 것은 책상 서랍을 정리하다 우연히 찾아낸 절친했던 고교동창 노평진 군의 빛바랜 편지 한 통 때문이었다. 오십도 못 채우고 세상을 떠난 친구의 편지는 그가 나에게 남긴 유일한 유품이 되고 말았다. 나는 그의 편지를 앞에 놓고 잠시 상념에 빠졌다.

　"내가 띄어 보낸 편지들의 행방은?"

　한평생 살면서 내가 이곳저곳에 띄운 편지들을 다 모으면 2백 쪽짜리 책 한권은 족히 엮을 수 있을 것이다. 그 편지들 가운데 아직도 이 세상에 남아있는 것이 있을까?

　군복무 시절 한 겨울 밤, 병영 막사 안 호롱불 아래서 언 손에 펜을 잡고 가슴을 앓아가며 썼다가 찢어버리기를 수없이 반복하다 마침내 고이 접어 띄어 보낸 편지들 - 그 이름 연서.

　나의 분신 같았던 그 편지들은 지금 어디서 나뒹굴고 있겠니? 듣자하니 그 편지들을 보물인양 고이 간직하던 수신인이 어느 대학교수의 청혼을 받아들인 뒤 결혼 전 홀랑 불태워 버렸다고 전해지고 있다. 지금 보면 부끄러울 편지, 증거인멸 되었으니 백번 잘된 일이 아니겠니.

　우정의 편지도 꽤 띄었었지. 그 편지들의 말로는 짐작키가 그리 어렵지 않다. 당시는 휴지 사정이 매우 좋지 않던 시절이었다. 그래서 내 편지를 받은 친구들은 한번 읽어보고 미련 없이 화장실 용무 처리에 써 버린 게 거의 확실하다. 나도 그런 경험이 있으니까 그들을 정죄할 생각은 추호도 없다.

물론 내가 네 엄마한테 쓴 편지도 있었지. 이를테면 부부서신이라 할까. 내가 한국에서 미국에 먼저 가 있던 네 엄마에게 띄운 것들이다. 이 또한 듣자하니 내 이민 수속이 예정보다 늦는다고 홧김에 모두 찢어 쓰레기통에 버렸다는 게 네 엄마의 솔직한 고백이다.

그리고 보니 내 편지들의 운명은 아주 분명해졌다. 이미 모두 자연의 품으로 돌아갔다는 사실이다. 이 땅에 쓰레기로 오래 존재해야할 이유가 없으니 당연한 말로인지도 모른다. 그런 비참한 말로를 맞은 편지들이 어찌 내 편지들뿐이겠니? 대부분 인간들의 편지들도 내 편지의 말로와 뭐 그리 크게 다를 바가 있겠니.

그러나, 영혼을 깨우는 '바울 서신들'을 보아라. 그 서신들은 2천 년이 지난 지금도 하나님 말씀이 되어 살아 숨 쉬고 있지 않니. 내가 이제 바울과 같은 편지를 쓴다는 것은 꿈속에서도 불가능할 것이다. 그러나 영혼의 주인 되신 창조주 하나님을 깊이 깨닫고 하나님의 깊은 사랑이 스며든 진심어린 편지를 쓴다면 누가 받더라도 꼭 간직하고 싶은 마음만은 일게 할 수가 있지 않겠니.

유리야, 앞으로는 이런 편지를 써 보고 싶다. 받은 이가 쓰레기통에 버리기에는 죄스럽고 마음이 허락지 않는 편지, 그래서 남에게도 보여주고 싶고, 소중히 간직하며 생각날 때 언제든 꺼내 읽고 싶은 그런 편지를.

참, 바울의 '옥중 서신'에 대해서도 한마디 하련다.

'옥중 서신'– 죄인이 감옥 안에서 쓴 편지라는 뜻 아니겠니. 유리야, 내가 이런 고백을 한다고 결코 놀라지 마라. 실은 나도 옥중 서신을 써 본 경험이 있단다. 그것도 한두 번이 아니다.

"아빠가 죄인이었다니?" 유리야, 놀랐느냐? 실망이 컸느냐? 믿었던 아빠에게 이처럼 숨겨진 어두운 과거가 있는 줄은 꿈에도 몰랐겠지. 그렇다. 나는 죄인이었다. 꽤나 의로운 체 하며 죄인에게 돌 던지던 죄인이었다. 내가 갇혔던 감옥은 어디에 있느냐고? 죄인이 사는 곳이 감옥이겠지. 그러니까 죄인들이 사는 이 세상이 바로 감옥이 아니고 무엇이겠니.

이제 좀 의문이 풀렸니? 그러고 보니 내가 육체의 자유함을 누리며 과거에 썼던 모든 편지들은 하나 같이 '옥중 서신'이라 불러야 옳겠지. 어찌 죄로부터 자유함을 얻은 바울이 죄인일 수 있겠니. 비록 그의 육체를 구속했다 해도 어찌 철창이 죄로부터 자유함을 얻은 바울의 영혼을 가두어둘 수 있었겠니.

유리야, 이제 밤이 깊었다. 죄로부터 나를 자유케 하신 하나님의 은혜에 감사하며 이 편지를 마치려 한다. 오늘 밤은 밤잠을 빼앗겼어도 조금도 억울하지 않을 것이다.

거리낌 없이 잠 안 오는 밤에, 아빠

코털 만세

 지난 해 12월 폐암 수술을 받고 투병 중인 고교 동창 S를 그의 집으로 찾아갔다. 머리털이 홀랑 빠져버린 그는 하얀 마스크를 쓰고 있었다. 친구가 마스크를 벗으며 우리 일행을 반갑게 맞았다. 야윈 얼굴에 전매특허 같은 너털웃음을 애써 지으며 그가 말했다.
 "너희들 코털 우습게 보지마라!"
 그가 느닷없이 코털 예찬론을 펴기 시작했다. 워낙 너스레를 잘 떨어대던 친구였다.
 "항암제 부작용으로 코털까지 몽땅 빠져버렸어."
 머리털이야 당연히 빠지려니 각오하고 있던 터였다. 심한 구토와 식욕부진 등의 부작용에 대해서도 그는 잘 알고 있었다. 그런데 뜻밖의 부작용이 나타났다. 숨을 들이 쉴 때마다 폐부가 선뜩해져서 숨쉬기가 거북해졌다. 폐 수술 직후에는 없던 증세였다.
 "코털이 빠지니까 휑하니 뚫린 콧구멍으로 찬 공기가 거침없이 통과하잖아."
 그가 마스크를 쓰게 된 사연을 털어놓았다. S처럼 무용지물 같던 코털의 소중함을 일생 단 한번이라도 체험해본 사람이 과연 몇이나 될까?
 우리는 잠시 코털을 화제 삼아 이야기를 나누었다. 먼지 따위 이물질을 걸러내는 등 중요한 역할을 한다고는 하지만, 코털은 얼마나 귀찮고 당혹스런 존재로 푸대접을 받았던가. 제아무리 용모가 준수해도 밖으로 삐져나온 코털 한 올은 여성들의 눈살을 찌푸리게 만들기에 부족함이 없다. S는 데이트를 앞두고 눈물을 찔끔찔끔 흘려가며 삐져나온 코털을 뿌리 채 뽑아내던 고통의 순간들도 기억해 냈다. 화제는 성경의 '지체론'으로 이어졌다. 우리는 '머리털이 코털을 쓸데없는 존재라고 무시하지 못하리라.'는데 동의했다.

  미관으로 보면 머리털은 꼭 있어야할 존재지만 코털은 없어도 좋은 존재임이 분명하다. 기능면에서는 코털이 곧 생존과 직결되는 반면 머리털은 생존과는 무관하다. 고민스럽다 해도 머리털 없이 얼마든지 잘 살 수 있지만 코털 없이 잘 살 수 있을까 모르겠다. 제 아무리 소중한 것이라도 있을 때는 감사는커녕 그 존재조차 까마득히 잊고 사는 게 인간이다.

  "내가 코털만한 존재가 될까 모르겠어?"

  S가 양해를 구하며 마스크를 다시 썼다. 코털이 회복된 뒤 '아, 살 것 같다!' 던 그는 음지에서 소리 없이 일하는 한 지체의 막중한 역할을 증거하고 지난 5월 친구들 곁을 영원히 떠났다. 그는 분명 코털 같은 인생을 살고 갔음에 틀림없다. 이 순간에도 코털처럼 눈에 띄지 않는 곳에서 지체의 소명을 묵묵히 다하고 있는 모든 일꾼들에게 뜨거운 박수를 보낸다.

  "코털 만세!"

콜라를 물로 봤다가……

 어느새 1월이 훌쩍 날아가 버렸다. 지금쯤 새해 각오가 작심삼일로 무너져 나약한 의지를 자책하는 사람들이 적잖을 듯싶다. 그중에는 작심삼일을 연중행사처럼 치르는 사람들도 있을 것이다. '세 살 버릇 여든 간다.'는 속담처럼 습관은 고치기가 여간 힘든 게 아니다.

 콜라와 정을 떼기까지 나도 여러 번 작심삼일을 경험하고 자존심을 심히 구겼다. 상대를 제대로 알고 맞붙어야 승산이 있는데 콜라를 물처럼 만만하게 보고 도전했다 낭패를 맛보았다. 손자병법에도 '지피지기 백전불태'라고 하지 않았는가. 콜라에 빠진 것도 중독이라는 사실과 작심삼일에는 심리적 요인과 생물학적 이유가 얽혀있다는 사실을 간과했던 탓이었다.

 "미국에 오길 백번 잘했네." 하며 콜라를 물 대신 매일 마셔대기 시작했다. 20여 년을 신나게 마셔대던 어느 날, 임신한 듯 볼록 튀어 나온 뱃살에 눈길이 갔다. 한국을 떠날 때 28인치의 날씬했던 허리가 33에 육박하고 있었다. 신나게 먹어댄 게 하나 둘이 아니지만 나는 콜라를 주범으로 찍었다.

 그런데 목젖을 짜릿하게 톡톡 간질여주며 넘어가는 시원하고 달콤한 콜라의 유혹을 떨쳐내기가 생각처럼 쉽지가 않았다. 확실한 보장도 없는 미래의 홀쭉한 배를 기약하며 즉각적 보상을 약속하는 콜라의 달콤한 유혹을 뿌리치기가 어디 그리 쉬운가?

생명과학은 최근까지 수많은 연구논문을 통해 유혹을 교사하는 인체 내 화학 물질의 존재와 그 역할을 상세히 밝혀냈다. 이런 사실에 눈이 어두운 체 콜라의 전투력을 과소평가하고 과대평가된 내 의지를 믿고 대들었다가 콜라의 유혹에 번번이 무릎을 꿇었던 것이다.

중독으로 이끄는 인체 내 화학 물질은 '신이 선사한 마약'이란 별칭이 붙은 '도파민'이다. 뇌신경 세포의 흥분전달 물질인 도파민은 순간의 쾌감을 미끼로 뇌로 하여금 쾌락으로 보상토록 길들여 인간을 습관의 노예로 만든다. 그래서 습관을 깨기가 힘든 것이다. 나쁜 습관에서 빠져나오려면 유혹을 떨쳐버렸을 때의 짜릿한 쾌감을 뇌가 기억하고 도파민이 계속 보상하도록 길들여질 때까지 유혹을 뿌리쳐야 한다. 도파민은 좋은 습관 형성에도 필수불가결한 물질이다. 나약한 의지 타령만 하다가는 의지의 덫에 갇히고 만다. 의지는 유전적이 아니며 훈련을 통해 강화시킬 수 있다니 천만다행이다.

도전할 습관의 실체를 파악한 뒤 성공을 위해 기억해두어야 할 생물학 용어가 하나 더 있다. 바로 '자극의 역치'인데 생물체가 반응을 일으키는데 필요한 최소한의 자극 강도를 나타내는 수치를 말한다. 이 용어는 인체에 적용해도 들어맞는 것 같다. 습관을 깨기 위한 노력에도 '자극의 역치'처럼 역치가 있기 때문이다. 역치 이하의 자극에는 생물체가 반응하지 않듯 역치에 미치지 못한 노력은 실패로, 역치를 넘어서면 성공에 이르게 된다. 인생이란 알 수 없는 미지의 역치에 대한 도전의 연속이 아닐까 한다.

역치에 도전했던 경험담 하나. 네다섯 문장의 성경 구절을 매주 암송해야 하는 6개월 코스의 주말 성경 클래스에 등록을 했었다. 암송이라면 질색하는 나는 지레 암송 포기를 선언하고 클래스를 시작했다.

수강생 대부분이 척척 하는 성경 암송을 단한 번도 하지 않고 드디어 마지막 수업을 맞게 되었다. 나는 회개하는 심성으로 마지막 수업의 성경 구절을 외우기로 작심했다. 가는 날이 장날이라고 마지막 수업의 성경 구절이 평소의 두 배 이상 길었다.

'제 아니 오르고 뫼만 높다'한 태만을 속죄하려고 헉헉대며 남몰래 뫼를 오르기 시작했다. 읽고, 쓰고, 눈 감고 외우기를 거듭했다. 두 번, 세 번, 네 번……. 한 시간이 지나고, 두 시간이 흘렀다. 눈 감으면 앞이 캄캄하기만 했다. 작심을 해놓고 후회가 막급했다.

둘째 날, 첫날처럼 반복했다. 포기하고 싶은 마음이 굴뚝같이 일었다. 막판에 이르러 눈 감으면 글씨가 어른거렸다. 희망의 불빛이 희미하게 보였다. 셋째 날, 또 되풀이했다. 드디어 눈 감고 입이 열리며 성경구절이 흘러나왔다. 기억력이 한창 좋았을 때에 비하면 열배 이상의 시간과 노력이 소요됐을 터이지만 그래도 기뻤다. 마지막 수업 때 대표로 성경구절을 암송했다.

습관을 바꾸려면 각오가 중요하다. 각오보다 더 중요한 것이 실천이요, 실천보다 더 중요한 것이 지속이다. 비록 성공에 이르지 못하더라도 목표를 향해 나아가는 한 실패란 없다.

하나님은 색맹이시다

서울 송파의 한 영어학원.
"마이클 선생님 머리털은 왜 까맣지?"
"생김새는 외국인 맞는데 미국인이 아닌가봐. 중동 출신인가?"
원어민 영어 강사 마이클이 학생들과 첫 대면을 하는 시간이었다. 학생들이 한국어로 쑥덕거리는 소리가 그의 귀에 들어왔다. 중국 선교지에서 만나 결혼한 조선족 아내 덕분이다.
마이클은 나의 아들과 절친한 고교 동창으로 북한 선교를 위해 헌신하고 있는 31세의 미국인 선교사이다. 그는 스페인 혈통의 페루 계 아버지와 영국 계 어머니 사이에서 태어났다. 캘리포니아 남부에 위치한 채프만 대학에서 지휘를 전공했고 학창 생활을 통해 한국 친구들과 사귀며 북한에 관심을 갖기 시작했다. 독실한 크리스천인 그는 북한 선교를 목표로 한국 땅을 밟은 뒤 탈북자 자녀들에게 무료로 영어를 가르치는 등 대북 지원 사업에 뛰어들었다. 유능한 주일학교 교사였던 그는 미국 내 한인 교회에서 학생들을 지도한 경험도 있다.
마이클은 학생들의 쑥덕거림을 대수롭게 생각하지 않았다. 호기심 많은 철없는 나이에 그럴 수도 있다고 여겼기 때문이었다. 그러나 그는 한국을 배우기 위해 얻었던 첫 직장에서 5개월 만에 해고 통지를 받았다. 원장은 해고 사유를 밝히지 않았다. 마이클은 뒤늦게 미국인 동료 교사를 통해 해고에 얽힌 사연을 전해 들었다. 학부모들이 학원 원장을 찾아가 백인이 아니란 이유를 들어 그를 교체시켜 달라고 요구했다는 것이다.

조선족 아내와 함께 잠시 미국에 돌아온 마이클은 한국에서 겪은 체험담을 담담히 내게 털어놓았다. 내가 마련한 저녁 식사 초대 자리에서였다.

"마틴 루터 킹 목사님이 요즘 한국에서 사셨더라면 민권 투쟁운동을 벌이셨을 것 같은데요. 외모로 판단하는 사회라면 제아무리 실력이 빼어나도 유색인종은 원어민 교사 취업이 어렵겠지요. 내 얼굴이 중동 사람처럼 보여도 미국에서는 차별 같은 거 모르고 살았는데……."

인터폴로 현상 수배 중인 강간범, 살인범도 신분을 위조하고 버젓이 영어 강사 노릇을 할 수 있다. 고교 중퇴생도 경력과 학력을 적당히 속이고 교단에 설 수 있다. 단 외모가 번듯한 의심의 여지없는 백인이어야 한다. 교사의 자질, 성품 따위가 무슨 대수인가. 전과, 가짜 학력도 어물쩍 넘어가는데 감출 수 없는 외모는 끈질기게 물고 늘어진다.

교사의 자질보다 피부색을 더 중시하는 교육은 어떤 열매를 맺을까? 어떻게 학생, 학부모, 학원원장이 삼위일체 한마음이 되어 반인륜적 범죄행위인 인종차별을 서슴없이 자행할 수가 있을까? 철없는 자녀의 삐뚤어진 생각을 바로 잡아줄 철든 학부모나, 철없는 학부모의 부당한 요구에 굴하지 않는 철든 학원원장은 찾아보기 힘든 세상이 되었나? 나의 마음이 무거워졌다.

마이클의 조선족 아내도 조국 땅에서 푸대접과 차별을 감내해야했다며 눈시울을 붉혔다.

"조선족은 중국 땅에서 피눈물 나는 개척사를 통해 '연변조선족자치주'라는 지위를 쟁취해낸 소수 민족으로서 자부심이 대단합니다. 이런 자부심을 조국 한국은 마구 짓밟아버렸어요. 한국이 오히려 미국보다 더 외국처럼 느껴질 때면 서글퍼집니다."

자식 같은 마이클 부부 앞에서 나는 부끄러워 고개를 떨어뜨리고 말았다. 진심으로 나는 이들 부부에게 사과했다.

"일 없어요. 저희에게는 꿈이 있으니까요."

부부가 이구동성으로 '일 없다'('괜찮다'는 의미의 북한 및 조선족 상용어)며 가라앉은 분위기를 반전시켰다.

마이클 부부의 꿈은 한국이 통일되면 북한에서 거주하며 생지옥을 체험한 북한 주민들을 복음으로 무장시켜 중동에 선교사로 파송하여 중동을 복음화 시키는 것이다.

"하나님은 중동 사람이나 백인이나 똑같이 사랑해요. 하나님은 색맹이셔서 피부색 몰라요."

마이클이 더듬더듬 한국어로 말하며 빙긋 웃었다. 미주 한인들도 인종차별에 연루되어 미국 주류언론에 오르내리지 않도록 피부색을 구별 못하는 색맹이면 좋겠다. 아무쪼록 마이클 부부의 꿈이 하루속히 이루어지기를……

환영! 불청객 예수

금전적, 정신적 부담이나 안겨주는 불청객은 행사장의 큰 골칫거리이다. 불청객은 대개 눈치와 염치가 없고 타산적이다. 그러나 뚜렷한 목적과 사랑을 품고 가면 불청객도 환영받을 수가 있다. 불청객이라고 다 같은 불청객이 아니다.

성경에 등장하는 대표적 불청객은 예수님을 위해 값비싼 향유가 든 옥합을 깬 여인이 아닌가 한다. 창녀였던 그녀는 예수님을 식사에 초청한 바리새인 시몬의 집에 냉대를 각오하고 찾아가 예수님의 발을 눈물로 적시고 머리털로 씻어 입 맞춘 뒤 향유로 씻겨드렸다. 초청자 시몬이 마땅히 했어야할 예수님에 대한 영접 예우를 불청객 여인이 뒤늦게 대신한 셈이었다. 예수님은 불청객인 그녀를 칭찬하고 죄를 용서해 주었으며 초청자 시몬을 꾸짖었다.

구세주로 이 땅에 오신 예수님도 불청객 신세를 면치 못했다. 해산을 앞둔 성모 마리아는 베들레헴에서 문전박대 끝에 거우 마구간을 얻어 아기 예수를 낳았고 헤롯왕은 예수를 제거키 위해 혈안이 됐었으며 율법학자들과 바리새인들은 예수를 눈 안의 가시처럼 여겼다. 불청객으로 오신 예수님의 사전에는 '불청객'이 없다. 예수님은 십자가에서 돌아가시며 인류를 모두 구원의 잔치에 초청했다. 온 세계가 제 멋대로 축하하는 크리스마스가 진정 지구촌 구원의 축제가 되는 날은 언제쯤일까?

나도 불청객 역할을 해본 경험이 있다. 60년대 후반 군복무를 마치고 복학을 해서 대학을 다닐 때였다. 어느 날 오후 절친한 친구 L이 다급히 대학 도서관으로 나를 찾아와 저녁에 진수성찬에 초대하겠으니 꼭 참석해야 한다며 나의 팔을 이끌었다. 그런데 느닷없이 나를 극진히 대접하겠다는 L의 저의가 아무래도 수상쩍었다. 내 반응이 떨떠름하다고 느꼈던지 그가 이실직고 했다.
"명동에서 만났던 K 기억나?"
명동의 한 음식점에서 조리사로 일한다는 K와 인사를 나눴던 기억이 어렴풋이 떠올랐다. L의 고향 친구인 K는 6·25전쟁 피난길에 부모 형제를 모두 잃어 혈혈단신이었다.
"오늘이 그 친구의 약혼식이야. 신랑측 하객이라고는 식당 매니저와 나뿐이라는데 같이 가자."
"악수 딱 한번 해본 사이인데 초청도 안 받고 어떻게 가냐?"
내가 불참 의사를 분명하게 밝히자 L이 나를 끈질기게 설득하기 시작했다. 진수성찬에 이끌려가는 것 같아 좀 찜찜하긴 했지만 마침내 나는 불청객이 되기로 동의했다. 나는 L에게 당부했다. "내가 친구로 참석한다는 사실, K에게 미리 따끔하게 귀띔해 줘. 친한 친구에게 하듯 나에게 꼭 반말 쓰라고……"
약혼식장은 흑석동 약혼녀의 집이었다. 이십여 명의 하객들이 모두 자리를 잡으며 약혼식이 곧 시작되는 듯싶었다. 이 때 자리에서 일어난 약혼녀의 삼촌이 나와 L의 얼굴을 번갈아 쳐다보며 입을 열었다.
"관행에 따라 신랑 친구 중 한 분이 약혼식 사회를 맡아주셨으면 하는데……"
L이 기다렸다는 듯 즉각 나를 추천했고 하객들이 약속이나 한 듯 박수로 재청을 했다. 불청객은 졸지에 약혼식 사회의 중책을 떠맡게

되었다.

약혼식은 무사히 끝났고 식당 매니저는 곧 자리를 떴다. 약혼식 사회를 마친 불청객은 어깨를 활짝 펴고 당당해졌다. 나는 신부 측과 어울려 먹고 마시며 신랑 친구 배역을 무난히 소화해 냈고 K도 다소 어색한 연기였지만 나를 친한 친구처럼 상대해 주었다.

연극은 나와 L이 무대를 떠나는 장면만을 남겨놓고 있었다. 우리가 하객들의 환송 속에 막 작별을 고하려는 찰나, 뒤에 서 있던 K가 다급히 하객들을 밀치고 앞으로 나서 나의 오른 손을 두 손으로 꼭 잡았다. 그는 잠시 나를 쳐다보더니 고개를 숙여 정중하게 인사를 했다.

"대단히 감사합니다!"

아뿔싸! 잘 나가다가 막판에 존댓말이 튀어나오다니……. 지금 생각하면 웃음이 나오지만 불청객인 나의 정체가 탄로 난 것 같아 가슴이 철렁했던 순간이었다. 그러나 초청객 가운데 어느 누가 감히 나를 불청객이라고 상상이나 했겠는가? 온 지구가 축제로 들뜨는 계절, 축제에 초대받지 못한 소외된 이웃을 불쑥 찾아가 사랑을 나누어 주는 불청객이 되어보자.

제 4 장

끝까지 읽어줘!

'가든 그로브 최' 씨를 찾아서

그가 좋아하던 맥주 대신 장미 열두 송이를 사들고 나섰다. 그를 만나보고 싶었다. 남가주 날씨답지 않게 잔뜩 찌푸린 하늘이 비를 흩뿌려 프리웨이를 적시기 시작했다.

옛 서류를 정리하다 그의 객사를 보도한 미주 한국일보 기사 스크랩과 마주쳤다. '알코올 중독으로 떠돌이 생활을 하던 최XX 씨가 자신이 몰던 차량 안에서 숨을 거두었다'는 짤막한 기사였다. 1997년 6월 30일 오후 2시 가든 그로브(Garden Grove) 한인 상공인 협회 주관으로 치러진 그의 장례식 식순도 기사와 함께 보관돼 있었다. 직장에서 조퇴를 하고 참석했던 최 씨의 장례식이 생생하게 떠오른다.

A 마켓 앞 휑한 주차장에 마련된 그의 빈소. 영정도 없는 작은 소반 위에는 수박, 참외, 시루떡이 올라있고 엎어놓은 페인트 통 위에 놓인 향로에서 향이 타오르고 있었다. 평상복 차림의 조객들이 최 씨를 화제 삼아 두런두런 나누는 이야기가 들려왔다.

"아들을 그렇게 보고 싶어 하더니만."

"페인트 일은 제 일처럼 꼼꼼하게 잘 했지. 일을 맡기면 신경 쓸 일이 없더라고."

"겉보기와는 달리 심성이 착하고 속은 여간 여리지 않아. 억울하게 많이 당하고 살았지. 안됐어."

최 씨의 장례식은 J 목사의 집례로 진행되었다.

"그가 비록 불행한 삶을 살았지만 법도와 양심만은 저버리지 않고 일생을 마쳤다는 지인들의 증언을 들었습니다. 여러분들의 정성어린 조위금 덕분에 시신은 '로즈 힐즈 메모리얼 파크'에 안장될 것입니다. 언젠가 그의 후손들이 뿌리를 찾아 그의 묘소를 참배할 때가 반드시 오리라 믿습니다. 후손들이 번성하고 성공하기를 축원합니다."

내가 최 씨를 만난 곳은 1976년 미국 이민 직후에 다니던 한인교회였다. 이민 정착의 첫 관문인 운전면허 실기시험에 떨어져 실의에 빠져 있을 때 전직 택시기사였다는 최 씨를 소개받았다. 미혼이었던 그는 담임목사 댁에서 잠시 기거하고 있었다. 심한 경상도 사투리를 쓰는 그의 인상은 좀 험상궂었다. 툭 불거져 나온 광대뼈, 가늘게 째져 치켜 올라간 두 눈, 얼굴에는 칼자국 같은 상처마저 있었다. 그 험한 인상으로 몰아붙이는 강도 높은 속성 운전교습 덕분에 나는 다음날 재도전에 성공했다.

그와의 인연은 꽤 끈질겼다. 어느 주말 그는 해군 사병 차림에 카메라를 어깨에 걸치고 나타났다. 6·25전쟁 때 월남한 이북출신 피난민인 부모를 따라 세 살 때부터 부산에 정착해서 살았었다는 그는 바다 사나이였다.

"형님요. 사진 좀 찍어주소. 부산 색싯감에게 보낼끼라."

그는 나를 그의 차에 밀어 넣더니 '라구나 비치'로 향했다. 호화 요트, 갈매기와 수평선을 배경으로 한껏 폼을 잡는 그를 부지런히 카메라에 담았다.

그는 결혼을 위해 한국을 나간다며 소식을 끊더니 몇 개월 뒤 신부와 함께 나타나 나를 형님이라고 신부에게 소개했다. 주말이면 종종 맥주 따위를 사들고 그들 부부는 나를 찾아왔다. 그는 열심히 페인트 일을 하며 신혼가정을 꾸려 나갔고 그토록 원하던 아들도 얻었다. 그러나 최 씨의 결혼 생활은 삐꺽 소리를 내기 시작했다. 음주벽이 도지기 시작한 때문이었다. 아이가 첫돌을 막 지낸 어느 날, 그의 아내는 아이와 함께 바람과 같이 사라져버렸다.

그와의 추억을 반추하는 사이 프리웨이를 벗어나 '로즈 힐즈 메모리얼 파크'에 이르렀다. "묘소 위치를 하나 찾아 주시겠습니까?"

나는 최 씨의 이름과 생년월일 그리고 사망 일자를 적어 담당 직원에게 건넸다. 컴퓨터 자판을 한참 두들겨대던 직원이 고개를 좌우로 크게 흔들어대며 무겁게 입을 열었다.

"그런 이름은 여기 없습니다."

나는 둔기로 뒤통수를 세게 한 대 얻어맞은 듯 잠시 넋을 잃고 멍하니 서있었다. 도대체 최 씨가 어디로 사라졌다는 말인가? '경주 최' 씨인 그가 득남을 했을 때 '가든 그로브 최' 씨의 시조가 되었다며 기뻐하던 모습이 생생하게 떠올랐다. 아무래도 내가 다시 그를 찾아 나서야 할 것 같다. 훗날 '시조'를 찾아 헤맬지도 모를 '가든 그로브 최' 씨의 후예들을 위해서.

'남의 말도 석 달'

국민학교(현 초등학교) 3학년 때였다. 수업 중 집에서 담아 온 군용 수통의 물을 살짝 마시려다 엎질러 바짓가랑이가 흠뻑 젖고 말았다. 수업이 끝나고도 안절부절 못하며 자리에 꾹 박혀있는 나를 흘끔 훔쳐본 옆 자리의 A가 확 나발을 불어버렸다. "시엽이 바지에 오줌 쌌다."

해명할 겨를도 없이 소문은 삽시간에 급우들에게 퍼져버렸다. 나는 창피하고 억울하고 속상해서 죽고만 싶었다. 물과 오줌도 구별할 줄 모르는 밥통 같은 A의 말을 곧이곧대로 믿고 수군대는 급우들이 그렇게 야속하고 미울 수가 없었다. 다행히 진실이 먹혀든 탓인지 어쩐지 소문은 솜에 흘린 물처럼 얼마 가지 않아 잦아들었다.

예나 제나 소문에 상처 입는 사람들을 주변에서 심심찮게 대하게 된다. 남편과 사별하고 홀로 사는 한 친지의 하소연을 얼마 전에 들었다. 기혼 남성과는 말상대하기조차 두려워졌다는 것이다. 최근 그녀가 다니는 교회 안팎에 나돈 뜬금없는 소문 탓이었다. 반듯한 외모 못지않게 행동거지도 반듯한 그녀는 "남편 단속 잘 해야겠어?"하며 쑥덕대는 '아내들' 때문에 독신녀들만 상대하기로 작심했다며 눈물을 글썽였다.

소문은 진위야 어찌됐든 남의 말을 뒤에서 하는데서 비롯된다. 남의 말은 상대가 듣지 못한다는 판단이 서면 앞에 대놓고도 한다. 제대 뒤 대학 복학을 하고 K와 Y 두 친구와 한여름 무더위를 피해 청평행 기차를 탔을 때의 일이다.

청량리 역에서 기차를 탔다. 피서객으로 붐볐으나 우리는 용케 자리를 차지하는 행운을 잡았다. 더구나 자리 맞은편에는 모 여대 배지를 단 여대생 세 명이 자리를 잡고 있었다.

착석하기 직전 K가 나와 Y의 귀에 조그만 소리로 당부했다. "나 하는 대로 따라해!"

자리에 앉자마자 K가 느닷없이 수화를 하기 시작했다. 구화 학교 교사인 친구로부터 몇 가지 수화를 익혔다지만 K의 수화는 의미 없는 손동작일 뿐이었다. 나와 Y는 K의 의도를 눈치 채고 수화 흉내를 내기 시작했다. 수화는 여대생들의 시선을 끌기에 충분했다.

"얘네들 벙어리잖아!"

"멀쩡하게들 생겼는데 참 안됐네."

우리들은 간간히 수화 연기를 해가며 세 여대생들이 엮어내는 '우리 이야기'를 흥미진진하게 듣게 되었다. 새침데기 같던 그녀들은 우선 세 남자에 대한 인물 촌평으로 서두를 열었다. K는 야무지고 잘 따지게 생겨 말만 할 수 있다면 변호사 감이라며 동정을 표했다. 선글라스를 낀 K에게는 '색안경'이란 별명이 즉각 주어졌다. 코가 크고 인물이 좋은 Y에게는 사내답다는 평과 함께 '코'라는 칭호가 내려졌다.

"착실하게 생겼는데 데모하다 며칠 감방엘 다녀왔는지 턱수염이 꺼칠하네."

나는 '꺼칠이'로 불렸다. 색안경, 코와 꺼칠이를 오락가락하며 그녀들은 풍성한 화제를 이어나갔다. 나는 그녀들의 대화에 흠뻑 빠져들었다.

"오늘 얘네들 하고 한번 어울려 볼래? 뒷말 없고 소문 안 낼 테니 좋잖아."

그녀들이 우리를 상대로 마음 놓고 찧고 까불고 해내는 동안 청평에 다다랐다. K가 찡긋 눈짓을 하더니 그녀들을 향해 그새 용케 참았던 입을 열었다.

"소문 안낼 테니 우리 같이 놉시다."

그 순간 얼굴이 빨갛게 달아오르며 당황해 어쩔 줄 몰라 하던 세 여대생의 모습이 40여 년이 지난 지금도 눈에 선하다.

남의 말 하고 듣는 재미를 어찌 포기하고 살 수 있겠는가? 뒤에서 나눈 남의 말은 재미로 끝내고 덮어두어야 한다. 말이란 돌다보면 개인감정으로 각색이 되어 나쁜 소문이 되기 십상이다. 소문은 한 귀로 듣고 한 귀로 흘려보낼 일이다. 소문은 심각하게 받아들이는 순간 꼼짝없이 그 피해자가 되고 만다.

"남의 말도 석 달"이라는 속담이 있다. 제아무리 크게 퍼진 나쁜 소문도 시간이 지나면 사라진다는 뜻이다. 혹시 나쁜 소문이 '자신이 뿌린 씨의 열매' 같다면 쓴 게 보약이라 생각하고 달게 삼켜버리면 좋을 것이다.

"험담은 하지도, 전하지도 말자." 내가 속한 한 모임의 올해 표어이다.

"끝까지 읽어줘!"

　이 세상 떠날 때 내 곁을 지켜주었으면 싶었던 친구가 있었다. 그런데 그 친구가 오히려 먼저 내 곁을 떠나고 말았다. 위암으로 1년 남짓 투병하다 그가 떠난 지도 어느덧 5년이나 되었다. 그를 만난 것은 중학교 입학 직후였다. 한 반이 된 우리는 대번에 서로를 알아보고 단짝이 되었다. 그 뒤 40여 년을 이역만리 미국까지 서로 그림자처럼 붙어 다녔다. 때론 누가 실체이고, 누가 그림자인지를 놓고 티격태격하다 둘이 허허 웃기도 하였다. '황금은 불로 시험하나 우정은 곤경이 시험한다.'는 영국 격언이 있다. 해마다 그가 떠난 9월이 오면 이 격언이 생각난다. 인생 최대의 곤경이 죽음이라면 임종을 앞두고 마지막으로 보여준 그의 우정은 40여 년 쌓은 우정의 결정체였다. 그것은 극적인 사건(?)이기도 했다. 그 사건의 불씨가 되었던 것은 나의 '수기'였다. 나는 2,000년 미주한국일보 문예공모에 위암으로 세상을 떠난 어머니의 마지막 삶을 주제로 한 생활수기(제목: 맷츠 오케이)를 응모하여 당선되는 기쁨을 안았다. 나는 당선의 기쁨을 당시 말기 위암 수술을 받고 투병 중이던 그 친구에게 전해 주었다. 그는 마치 자신이 당선이라도 된 듯 기뻐했다.
　"야! 축하해. 네 수기 언제 신문에 나와?"
　그 때 그와 나는 하루가 멀다 하고 전화를 주고받았는데 나의 관심사는 그의 투병 상황이요. 그의 관심사는 오로지 나의 수기에 있는 것 같았다. "아직도 안 나왔어? 곧 나와?" 그런데 6월 9일 입상자 발표 뒤 한 달 안에 신문에 게재될 예정이라던 나의 당선작은 신문사의 편집사정에 의해 하루 이틀 미루어지기 시작했다. 하루가 다르게 친구의 건강은 악화되고 있었다. 그러나 수기를 향한 친구의 염원은 식을 줄을 몰랐다. 마치 그는 신문에 실린 나의 수기를 읽어보기 전에는 결코 눈을 감지 않겠노라고 비장한 각오라도 다진 듯 보였다. 그런 그의 염원이 어쩌면 그의 생명을 연장시켜주고 있을지도 모른다는 생각마저 들었다. 임종 열흘 전, 병세 악화로 급히 입원했던 그를 문병 갔을 때에도 눈을 감은 채 힘겹게 겨우 입을 열어 나에게 건넨 말은 "아직 수기 안 나왔어?"였다.

기다리다 지쳐 잠시 잊고 있었던 그 '수기'가 신문에 게재된 것은 친구의 임종 닷새 전이었다. 마침 그날은 그에게 세례를 주었던 목사님을 모시고 병상예배를 드리기 위해 그의 집을 방문키로 약속한 날이었다. 출발 전 목사님과 점심식사를 하러 나갔던 가든 그로브 한인 타운 내 신문 가판대에서 집어든 한국일보에 친구가 그토록 애타게 기다리던 '수기'가 실렸던 것이다. 나는 당선의 기쁨보다 터 큰 기쁨과 감동을 느꼈다.

그는 눈을 감고 죽은 듯 침대에 누워있었다. 지난 열흘 남짓 그의 아내가 입안에 조금씩 흘려 넣어주는 물로 꺼져가는 생명의 불씨를 이어온 그는 몰라보게 야위어 있었다. "이봐! 자네가 그토록 보고 싶다던 수기가 드디어 신문에 실렸어!"

나는 그의 얼굴을 향해 두 페이지에 걸쳐 실린 수기를 두 손으로 활짝 펼쳐들고 애타게 소리쳤다. 눈을 감은 채 미동도 없던 그의 얼굴에 잔잔한 미소가 피어올랐다. 하지만 조금만 일찍 수기가 발표되었더라면 그가 읽어볼 수도 있었을 터인데 하는 가슴 저린 아쉬움은 못내

떨쳐버릴 수가 없었다. 그런데 이런 나의 아쉬움이 거짓말처럼 말끔히 해소된 것은 그의 임종 직후였다. 그의 아내가 들려준 그 사연.

병상예배를 드리고 간 그날 밤, 한마디 말도 없이 꼼짝 않고 누워있던 친구가 갑자기 입을 열었다. "수기 좀 읽어 줘." 환청처럼 들려온 남편의 목소리에 그의 아내는 놀랜 마음을 진정시켜가며 내가 놓고 간 신문을 펼쳐 수기를 읽기 시작했다. 수기를 읽으면서 그녀는 남편의 얼굴에 내비치는 아주 작은 미소와 미세한 감정들을 읽을 수가 있었다. 그는 고개를 가늘게 끄덕여 공감을 표시하기도 했다. 그의 아내가 수기를 반쯤 읽었을 즈음, 그는 예의 모든 반응을 멈춘 채 깊은 잠에 빠진 듯 보였다. 그의 아내가 읽던 신문을 조용히 접어들고 살며시 자리를 뜨는 순간, 작지만 단호한 목소리가 등 뒤에서 들려왔다.

"끝까지 읽어줘!"

그의 아내는 내심 놀라지 않을 수 없었다. 남편은 자지 않고 계속 듣고 있었던 것이다. 그녀가 끝까지 읽기를 마치자 남편은 생의 마지막 소원을 끝내 이루었다는 듯 고개를 끄덕여 보였다. 나의 수기를 듣기 위해 안간힘을 다해 가물가물 꺼져가는 의식을 붙들고 놓지 않았던 친구는 곧 혼수상태로 빠져들었다.

죽음을 눈앞에 두고도 친구는 어떻게 그토록 나의 글을 읽고 싶은 염원을 불태울 수 있었나? 아내가 끝까지 읽어준 나의 수기를 다 듣고 난 그는 나에게 무슨 말을 하고 싶었을까? 나의 글이 삶의 마지막 순간, 죽음의 문턱에 선 그에게 무슨 의미가 있었을까? 아무런 대답도 없이 그는 떠났지만, 아마도 그보다 2년 앞서 세상을 떠난 나의 어머니를 천국에서 만나면 어머니를 소재로 쓴 나의 수기를 꼭 들려주고 싶었던 것은 아닐까?

온 세상이 깊은 잠에 빠진 한밤이라도 홀로 감당하기 어려운 큰 슬픔이나 기쁜 일이 생겼을 때 주저 않고 전화기를 들어 단잠을 깨워도 마음에 부담이 없는 친구, 그런 친구를 잃었다는 것은 얼마나 가슴 아픈 일인가? 세상이 모두 나를 등져도 그는 꼭 나를 찾아와 내 곁을 지켜줄 진정한 친구였다. 그리운 내 친구 '유제종'.

봉숭아와 매니큐어

옛 고향 친구를 만난 듯 반갑다. 오랜 세월 추억 속에 묻혀 잊혔던 빛바랜 주홍빛이 선명하게 되살아났다. "봉숭아물 맞지요?" 나의 물음에 육순을 바라보는 나의 친지는 고개를 끄덕이며 십대 소녀처럼 수줍게 웃었다. 그녀의 손톱은 매니큐어 대신 주홍빛 추억과 동심으로 곱게 물들여져 있었다.

그녀는 여름방학을 맞은 여덟 살 손녀와 강원도 고향집을 다녀왔다. 고향집 마당에 들어서자 정겨운 봉숭아꽃이 손녀를 이끌고 온 할머니를 반갑게 맞았다. 옛 추억을 더듬어가며 손녀를 달래 함께 봉숭아물을 들였다는 그 친지의 이야기를 듣고 있노라니 나의 옛 추억이 아롱다롱 곱게 피어올랐다.

일곱 살 때였을 것이다. 그 해 여름 나는 손톱에 봉숭아물을 들여주겠다는 이웃집 중학생 누나의 꼬드김을 받았다. 고운 주홍빛 손톱을 내보이며 꾀는 예쁜 누나에게 나는 선선히 내 두 손을 내맡겼다. 누나는 집에 갔다 온다더니 언제 준비했는지 봉숭아꽃과 잎, 콩 잎, 백반, 작은 종지, 매끈한 차돌과 실을 들고 나타났다. 해질 무렵, 누나와 나는 우리 집 맷돌 위에 나란히 앉았다. 누나는 익숙한 솜씨로 봉숭아꽃과 잎 그리고 백반을 종지에 넣고 찧기 시작했다. 잘게 짓이겨진 봉숭아를 내 손톱에 조심스레 얹고 콩 잎으로 싼 뒤 실로 단단히 싸매 주었다. 열 손가락을 마쳤을 때에는 어느새 땅거미가 마당에 짙게 내려와 있었다.

"잘 때 빠지지 않게 조심해. 이불에 얼룩지면 엄마한테 혼나. 알았지?" 누나는 경고의 표시로 눈을 살짝 흘기고 집으로 돌아갔다.

그 날 어떻게 엄마의 눈에 띄지 않게 두 손을 감추고 잠자리에 들었는지 모르겠다. 나는 잠을 몹시 설쳤고 다음날 엄마보다 먼저 일어나 마당에 나가 열손가락의 매듭들을 모두 풀어헤쳤다. 주홍물이 손톱 밖으로 번진 것이 마음에 좀 걸렸지만 나는 신이 났다. 누나와 친구들에게 곧장 달려가 자랑하고 싶었다.

그러나 주홍 손톱은 자랑거리는커녕 대번에 동네 사내애들의 놀림거리가 되었다. 사내자식이 계집애처럼 손톱에 물을 들였다고 놀려대는 것이었다. 한동안 나는 손톱을 감추느라 두 주먹을 불끈 쥐고 다녔다. 마치 나를 놀려대는 녀석에게 한 방 올려붙이기라도 하려는 듯이. 누나는 내 손톱이 예쁘다며 나를 달랬지만 나는 손톱만 보면 누나가 원망스러웠다. 나는 속이 상하면 손톱을 흙에 비벼댔다. 손톱이 자라나면서 보름달이 이울듯 봉숭아물은 누나에 대한 원망을 싣고 서서히 사라져버렸다.

내가 봉숭아로 물들인 주홍빛 손톱과 다시 조우한 것은 군복무를 마치고 복학생으로 대학을 다니던 1969년 어느 여름날이었다. 그 날 나는 버스를 타고 귀가 중 모 여대 배지를 단 여대생의 옆자리에 앉게 되었다. 대학수업 뒤 가정교사로 남은 에너지를 소진하고 파김치가 되어 나는 눈을 내리깔고 있었다. 가물거리던 내 눈에 옆자리 여대생의 빨간 손톱이 들어왔다. 이미 매니큐어가 여대생들에게 일상화되어 빨간 손톱을 보면 으레 매니큐어려니 여기던 때였다. 그런데 좀 자세히 훔쳐보니 흔히 보는 빨간 색이 아니었다. 어디선가 본 듯한 정겨운 색깔이었다. '봉숭아물?'

한눈을 파는 바람에 나는 내려야 할 정거장을 지나쳤다. 마침 그 여대생은 다음 정거장에서 내렸고 나도 서둘러 따라 내렸다. 앞서가는 그녀를 불러 세웠다. 뒤돌아선 그녀는 버스 옆자리에 앉았던 나를 알아본 듯 곧 경계의 빛을 풀었다.

"손톱 색깔이 예뻐서요. 봉숭아물 맞지요?" 나의 질문에 그녀는 두 손을 만지작거리며 고개를 끄덕여 대답했다. 나는 꾸벅 크게 고개를 숙여 인사를 하고 발길을 돌렸다. 그녀가 나의 언행에 실망을 했는지 혹은 기분을 상했는지 알 수 없지만 나의 기분은 상쾌했다.

요즘 같이 인조와 인스턴트가 판치는 바쁜 세상에 손톱에 봉숭아물을 들이며 유유자적하는 여심을 어찌 기대할 수 있겠는가. 그렇지만 그런 여심을 그리는 나의 마음은 예나 지금이나 별로 변하지 않은 것 같다. 싱그러운 옛 추억은 메마른 오늘의 정서를 촉촉이 적셔주는 단비가 된다.

세로 반란

 직사각형인 명함은 대개 가로로 만든다. 그걸 당연시하는 것이 고정관념이다. 미국에서 40여 년 직장생활을 하며 수많은 명함을 받아보았지만 세로형 명함을 받아본 기억은 별로 나지 않는다. 가로가 세로보다 디자인하기 편하고 보기에도 친숙하고 안정된 느낌을 준다는 등 세로명함을 선호하는 그 나름의 이유나 당위성이 있겠지만, 그런 이유나 당위성 또한 오랜 관행으로부터 자유로울 수 없다. 관행은 때로 인간의 사고를 고정관념의 틀 속에 가두어 놓고 틀 밖을 넘보는 것조차 좀체 허락하려 들지 않는다. 명함을 세로로 만들면 어떨까하고 구상해 본 사람이 얼마나 될까?
 세로명함을 만들었다가 호된 시련을 당한 친지 한 분을 만났다. 사소한 일 같지만 그녀의 도전은 나에게 아주 신선하게 다가왔다. 유능한 부동산 공인중개사인 그녀는 세로명함에 본인 사진을 중심으로 위아래에 필요한 정보를 컬러로 산뜻하게 담았다. 그녀가 새로 취직한 회사의 사원들은 당연히 가로명함을 쓴다. 그녀는 세로명함이 몰고 온 예상치 못했던 시련을 털어놓았다.
 첫 시련은 회사가 거래하는 명함 인쇄소에서 시작되었다. 그녀가 손수 디자인한 세로명함을 훑어본 인쇄소 직원이 "참신한 디자인이긴 한데……. 사장님 보시면 무사하지 않을걸요." 하며 난색을 표했다. 명함 제작에 관한 회사 지침을 하달 받은 적도 없었고, 명함 제작비를 회사가 지불하는 것도 아니어서 그녀는 소신껏 세로명함을 밀고나갔다.

두 번째 시련은 세로명함을 본 동료 사원들의 반응이었다. 명함을 생전 구경도 못해보고 처음 만든 사람 취급을 하며 저마다 한마디씩 해댔다.

"세로가 뭐야?" "내 것 보고 다시 만들라." "너무 튀었네."

그러나 그들의 반응 속에는 파격적이며 독창적인 참신한 디자인에 대한 질시의 마음도 담겨있었다.

이 '세로 반란'은 드디어 사장의 귀에 흘러들어갔다. 그녀는 결국 사장의 청문회에 불려나가 혹독한 시련을 당했다. 사장이 '세로명함'을 회사의 기존 질서에 대한 도전에다 사장에 대한 항명으로 인식하고 노발대발한 것이다.

"가로와 세로를 반대 개념처럼 인식하는데 놀랐어요. 고정관념이 그래서 쉽게 깨지지 않나 봐요. 세로가 눌리면 가로가 되는데……."

나의 친지가 씁쓸한 웃음을 지으며 뇌까렸다. 그녀는 결국 회사를 떠났고 회사는 유능한 사원 하나를 잃고 말았다.

남들 따라하는 관행 중에 장례식 때 입는 검정 상복도 있다. 나도 꼭 검정 상복을 걸치고 장례식에 참석하지만 그 유래를 알고부터는 '이게 아닌데?'하는 생각이 좀체 떠나지 않는다.

검정 옷은 내재한 슬픈 감정을 밖으로 표출하기 위한 수단의 하나로 로마제국 때부터 유족들이 입기 시작했다고 한다. 죽음 곧 영적 암흑을 상징하는 검정이 가장 극심한 슬픔을 나타내는 색이라고 믿었기 때문이었다. 그러다 영국 빅토리아 여왕이 1861년 남편 장례식 때 검정 상복을 입고 참석함으로서 검정이 상복 색깔로 정착하게 되었다고 전해진다.

검은 색은 또한 죽음을 불러오는 사신을 쫓는 힘이 있다고 믿었.

그래서 죽음의 신으로부터 자신을 지키기 위한 수단으로 조객들이 검은 옷을 입기 시작했다는 풀이도 있다. 고인에 대한 조의 표시보다는 조객들이 자신을 지키려는 이기적인 목적에서 출발했다는 것이다.

이 같이 비성서적이며 다분히 미신적 근원에 뿌리를 둔 관습을 기독교계도 잘 따라가는 게 현실이다. 죽음이 곧 영적 암흑이라는 생각은 비기독교적이다. 부활, 천당, 영생을 믿는 크리스천들에게 죽음은 결코 인생의 끝이 아니며, 영적 암흑도 아니다. 크리스천인 나도 모반을 자제하고 잘 따르고 있으므로 검정 상복의 조객들에게 시비를 걸 생각은 없지만 내 장례식에는 조객들이 모두 평상복 차림으로 참석했으면 좋겠다.

남들이 다 하니까 별 생각 없이 쫓아하거나, 싫어도 마지못해 따라 하는 많은 관행들이 생활 깊숙이 자리 잡고 있다. 더구나 관혼상제 등 오랜 관행은 거스르기가 여간 힘든 게 아니다. 자칫 잘못 튀면 구설수에 오르고 이방인 취급당하기 십상이다. 그래서 '좋은 게 좋지.' 하며 둥글둥글 모나지 않게 사는 게 속편할지 모르겠다. 그러나 남에게 피해를 주지 않는 한 고정관념을 깨며 새로운 세상을 열어가며 살고 싶다. 늘 보는 하늘도 잔디에 누워서 보면 새롭게 보이는 것을……'.

소녀와 할머니

　소녀를 만나러 로즈 힐스 공원묘지로 급히 차를 몰았다. 암울했던 부산 피난 시절, 소녀는 초등학교 3학년 나의 급우였다. 반세기를 단숨에 거슬러 달려가 동심 속 소녀를 손짓해 불러냈다. 아홉 살 소녀가 방긋 웃으며 내 앞에 요정처럼 나타났다.
　속눈썹이 까맣고 눈빛이 초롱초롱했다. 갸름한 얼굴에 항상 두 갈래로 단정하게 머리를 땋고 다녔다. 새침데기인 그녀는 말없이 웃기를 잘했다. 눈빛처럼 총명하고 학업에도 뛰어났다. 그녀는 학급 부반장이었다. 선생님이 읽기를 시키면 낭랑한 목소리로 또박또박 한자도 틀리지 않고 읽어내는 게 무척 부러웠다. 부끄럼을 심히 탔던 나는 내 차례가 오기도 전에 가슴이 뛰고 목소리가 떨려 읽기를 그르치는 수가 많았다. 음악 시간이나 오락 시간이면 종종 앞에 불려나가 고개를 좌우로 살래살래 흔들며 급우들에게 노래 솜씨를 뽐냈다. 또래에 비해 키가 약간 작은 편이었던 그녀가 조회 때 반장을 대신해서 야무지게 구령을 외치던 기억이 난다. 그날 남학생 반장은 몸이 아파 결석을 했었다.
　방과 뒤에도 그녀를 만나는 때가 종종 있었다. 그녀의 집은 우리 동네를 거쳐 가는 곳에 있었다. 나는 부산 토박이들과 곧 잘 어울려 놀았는데 이들은 도도하게 지나치는 서울내기를 곱게 보내지 않았다. 뒤로 살짝 다가가 갈래머리를 당겨보거나 돌을 던지기도 했다. 나는 그녀가 놀림을 당하면 마음이 아팠다. 토박이들이 유행가처럼 불러대던 '서울내기 다마내기 맛좋은 고래 고기' 소리에 얼굴을 붉히던 그녀를 위해 숫기 없던 내가 용기를 발휘한 적도 있었다.
"야, 너희들 쟤 놀려먹지 마. 우리 반 애야."
큰소리로 외쳐대고는 그녀가 나의 헌신적 용기를 기억해 주기를 은근히 바랬다.
서울 환도가 시작되면서 4학년 초 나는 가족을 따라 서울로 돌아왔다. 그리고 반세기가 흐르는 동안 그녀는 영원한 아홉 살 소녀로 내 추억 속에 자리 잡았다.
공원묘지 안으로 들어섰다. 그녀를 장례식장에서 만나 보게 되다니……. 그녀와의 해후(?)는 '우연'과 '우연'이 절묘하게 이어지며 엮어낸 결과였다. 대학시절 나는 어느 일간지에서 무슨 경연 대회 우승자인 그녀의 인터뷰 기사를 우연히 읽었고 그녀의 부친이 저명한 음악가요 음대교수라는 사실을 알게 되었다. 그 뒤 미국에 건너와 살면서 고교 동창이 속한 합창단 공연에 갔다가 우연히 그녀의 부친을 만나 잠시 대화를 나눴다. 십여 년 세월이 흐른 어느 날, 신문을 뒤적대다 또 우연히 그녀 부친의 부음을 들었고 유가족 난에 실린 그녀의 이름과 마주쳤다. 소녀의 이름 밑에는 손자, 손녀들의 이름도 적혀 있었다.
성대한 장례식이었다. 뷰잉 순서가 되자 유가족들이 한 줄로 쭉 늘어섰다. 그 곳에, 갈래머리 소녀는 보이지 않았다. 잠시 방황하던 나의 눈길이 소녀의 할머니 같은 여인 앞에서 멈췄다. 유족들이 조객들을 일일이 맞았고 나도 길게 늘어선 조객들의 행렬에 끼어 조객답게 목례를 하고 그 낯선 여인을 지나쳤다.
반세기만에 만난 '소녀'에게 말 한마디라도 건네 보고 싶었다. 장례식이 끝난 뒤 기회를 엿보던 나는 마침내 그녀에게 다가갔다.

"○○ 씨죠! 반세기 만이에요."

나를 흘끔 쳐다본 그녀는 곧 고개를 좌우로 서너 번 흔들어 나를 부인했다. 내가 부산 피난 초등학교 이름과 살던 동네 이름을 상기시키자 비로소 그녀는 고개를 끄덕이며 놀라움을 표시했다.

"어머! 어떻게 그런 걸 아직도 다 기억하고 계시죠?"

경황이 없는 그녀를 붙들고 딱히 나눌 긴요한 대화도 없었으므로 나는 의례적인 조의를 표하고 장지를 떠났다. 귀가길이 왠지 허전하고 착잡하기만 했다. 반세기 동안 고이 간직했던 맑고 예쁜 동심 하나를 잃어버린 것 같기도 하고 혹은 실수로 지워버린 것 같기도 한 묘한 심정이었다. 공연히 추억 속 소녀를 만나 보았나? 백미러 속에서 희끗 희끗한 머리에 주름진 얼굴의 '소년'이 씩 웃고 있었다.

엄마와 웨딩마치를

 딸 가진 편모들이 동병상련하는 고민거리가 있다. 웨딩마치에 발맞춰 딸의 팔짱을 끼고 입장할 아버지가 없다는 사실이다. 남편의 빈자리가 새삼 느껴지는 때가 바로 딸들의 결혼식이 아닐까 한다. 대개 신부 측 오빠나 삼촌 등 집안 남자들을 내세워 문제를 해결하지만 마땅한 남자 대역이 없어 곤혹스런 가정도 흔하다. 그럴싸한 대역이 눈에 불을 켜고 찾는다고 나타나는 게 아니다.
 친지의 부탁으로 결혼식에서 신부 아버지 대역을 맡았던 경험이 있다. 생면부지의 신부와 웨딩마치에 발 맞춰 입장하며 낯선 대역의 팔짱을 낀 신부의 심정은 어떨까 궁금했던 기억이 난다. 그 때 문득 신부 어머니는 왜 대역을 할 수 없을까 하는 의문이 일었다. 딸이 없는 나에게는 천재일우의 기회였지만 대역이 나에게까지 떨어지는 것을 보고 대역 캐스팅의 심각성을 실감할 수 있었다.
 죽음을 눈앞에 둔 말기 암 환자의 딸 결혼식에 참석한 적이 있다. 신부 아버지는 병세가 중한데다 거동이 불편하여 휠체어에 몸을 실은 채 결혼식장에 나타났다. 그는 딸의 웨딩마치를 치른 뒤 눈을 감겠다고 유언처럼 되뇌었다고 한다. 아버지 없이 치를 딸의 결혼식을 생각하면 가슴이 미어지는 아픔이 있었을 것이다.
 웨딩마치가 울려 퍼지자 신부는 오빠가 미는 휠체어에 식물인간처럼 앉은 아버지의 손을 잡고 눈물을 훔치며 입장했다. 순간 들뜬 식장 분위기가 숙연해지며 무겁게 가라앉았다. 그때도 건강한 신부 어머니가 아버지를 대신하면 왜 안 될까 하는 의문이 일었다.

지금까지 편모슬하의 신부 결혼식에도 여러 번 참석했었지만 대역들은 하나 같이 남자였다. 어느 편모는 세 딸의 결혼식 때마다 본의 아니게 매번 대역을 바꿔치는 바람에 "끼 있는 장모"라는 농담을 듣기도 했다고 한다. 아버지의 대역이니 당연히 남자의 몫으로 치부한 그 편모는 꿈속에서도 대역은 할 수 없었을 것이다.

아버지가 그 역할을 맡는 것은 남자이기 이전에 부모이기 때문이다. 남자라면 사돈의 팔촌은 물론 나처럼 신부와 아무런 연고가 없어도 당당히 대역을 할 수 있는데 왜 부모인 어머니는 안 되는 것일까? 여성 고유의 영역인 임신과 출산을 빼고 남녀 역할의 구분이 거의 사라진 오늘날에도 관혼상제는 남녀평등의 사각지대로 남성 파워가 건재한 영역으로 남아있다. 관혼상제에 얽힌 관행은 거스르기가 여간 힘든 게 아니다.

관행의 유래를 알고 나면 오히려 과감히 깨버려야 하는 게 관행이다. 신부가 아버지의 팔짱을 끼고 입장하는 현행 서구식 결혼의식에도 그 기원이 있다. 결혼이 양가에 의해 성사되었던 과거에는 결혼식 전까지는 신랑 신부가 맞대면할 기회를 전혀 가질 수 없었다고 한다. 신부의 외모를 보고 신랑이 파혼을 해버리거나 줄행랑을 놓을 수도 있기 때문이었다. 그래서 결혼식이 시작되고 신부의 아버지가 딸을 신랑에게 인계하는 마지막 순간까지 신부의 정체는 베일에 가려 있었다. 실제로 결혼식 때 신부가 얼굴을 면사포(베일)로 가리고 입장하던 관습은 그로부터 유래되었다고 한다.

딸과 팔짱을 끼고 입장하며 신랑이 혹시 딸을 보고 내빼면 어쩌나 노심초사하는 아버지가 요즘 어디 있겠는가? 아버지가 인도하던 어머니의 손에 딸려오던 신랑은 군소리 않고 신부를 맞게 되어있다. 신부를 베일에 가리고 혼례를 치르던 시대는 면사포와 함께 이미 사라져 버렸다.

　편모, 편부 가정이 늘어나는 요즘에 부모나 남녀의 역할을 따진다는 것은 시대착오이다. 결혼식에서도 성차별이 사라질 때가 다가오고 있다. "신부가 엄마와 함께 웨딩마치를 하는 게 아주 보기 좋던데." 최근 한 결혼식에 참석했던 친지로부터 전해들은 소식이다. 일찍이 아버지를 여읜 신부는 엄마가 앓겠다면 혼자 입장하겠다고 대역 선발에 골머리를 앓고 있는 엄마를 협박(?)해 대역을 맡겼다고 한다. 관행이나 고정관념을 깨면 새 세상이 열리며 불가능하게 여겼던 난제들이 술술 풀리게 된다. 앞으로 편모슬하의 딸들이 엄마와 함께 하는 웨딩마치 소리를 자주 듣게 되었으면 좋겠다.

잊지 못할 광복절

8·15 광복 30주년이 되던 1975년, 자가용 승용차나 휴대전화가 없던 시절. 나는 서울신문 문화부에서 4년차 기자로 뛰고 있었다. 광복절이 코앞에 다가온 어느 날 아침, 문화부장이 다급히 나를 호출했다.
"광복 30주년 기념특집인데 사정이 급해요. 내일 아침까지 원고를 넘겨줘야겠어."
 특집의 내용은 2차 세계대전 패전국인 일본과 독일이 중고교 교과과정을 통해 그들이 저지른 만행과 치욕의 역사를 어떻게 후세들에게 교육하는가를 비교해 보는 것이다. 그 목적은 식민통치와 제국주의 사관을 호도하며 과거 청산에 인색한 일본과 나치즘의 악몽을 자성하고 철저하게 교훈 삼는 독일을 대비시키는데 있었다. 일본 편 특집은 P차장에게 맡겨졌고 독일 편이 나에게 떨어졌다. 원고지 20매의 중량급 기획물이었다. 그저 공휴일이어서 반갑던 광복절이 바야흐로 나의 역사 속에 들어와 나의 광복절로 거듭나는 순간이었다.
 취재 차량은 일찌감치 모두 징발 당한 터여서 발로 뛰는 도리밖에 없었다. 서둘러 독일사 전공의 대학 교수를 만나 독일의 역사교육 전반은 취재했으나 애초 구상했던 계획이 빗나갔다. 그 교수는 내가 기대했던 독일 중등 교육용 역사 교과서를 소장하고 있지 않았다.
 "어디 가서 구하나?" 고민을 하는데 독일문화원이 퍼뜩 떠올랐다. 버스를 두 번 갈아타고 달려갔다. 천만다행 역사 교과서가 거기 있었다. 한인 사서의 도움으로 2권의 교과서를 대출 받는 순간, 나는 전투에 나선 장수가 천군만마를 얻은 듯 기뻤다.

그 기쁨도 잠시. "구슬이 서 말이라도 꿰어야 보배"라는 속담이 떠오르며 교과서가 애물단지로 돌변했다. 나는 구슬 한 개도 제대로 꿸 자신이 없었다. 고교 일학년 때 배운 독일어 실력으로는 한 문장을 붙들고 밤새 씨름할 판이었다.

아무렴 누울 자리도 보지 않고 다리를 뻗었을까? 믿는 구석이 있었다. 그런데 '믿는 구석'이 서울 어느 구석에 있는지를 알아낼 재간이 없었다. '믿는 구석'은 서울대 독문과를 졸업하고 해군사관학교 독일어 교관으로 4년의 군복무를 마친 입사 동기 L이었다. 그는 자기를 하늘같이 믿고 내가 일을 벌이고 있는 줄은 꿈에도 모르고 어느 술좌석에서 느긋하게 한잔하며 지친 심신을 달래주고 있을 게 분명했다.

버스를 타고 정릉 그의 아파트를 찾아갔다. 그는 예상대로 귀가 전이었다. 아파트 입구의 구멍가게로 들어갔다. 점심은 물론 저녁마저 거른 빈속에 가게 주인과 맥주잔을 기울이며 그를 기다렸다. 자정이 다 가오면서 L이 술에 떨어져 귀가하지 못할지도 모른다는 불안감이 엄습했다. 야간통금이 있던 시절이어서 택시가 끊기면 여관 신세를 져야 했다.

막 자리를 털고 일어나는데 어둠을 뚫고 L이, 아니 나의 '구세주'가 비틀거리며 나타났다. 자정이 임박한 한여름 밤 자신의 아파트 입구에서 도깨비처럼 불쑥 출몰한 나를 놀란 표정으로 쳐다보는 '구세주'를 앞세우고 그의 집으로 향했다.

이미 수면 상태에 진입한 '구세주'를 방바닥에 앉혀 붙들어놓고 반쯤 마비된 그의 이성에 호소했다.

"내일 나 사표 쓰는 꼴 보고 싶지 않으면 졸지 말고 정신 바짝 차려!"
 나의 주문에 따라 반짝 정신이 든 '구세주'가 혀 꼬부라진 소리로 독일 교과서를 번역하기 시작했다.
 "나치스와 독일은 같은 의미의 다른 표현이 될 수 없다는 것이 독일 역사 교육의 기본 방침이다. 나치스 권력의 악마성에 생명을 걸고 저항한 독일인의 양심을 잊어서는 안 된다. 참다운 독일 정신은 나치스에 대한 레지스탕스로 나타났기 때문이다……."
 번역을 하다 코를 골며 통나무처럼 무너지는 '구세주'를 끌어안아 바로 세우기를 네다섯 차례. '구세주'는 나의 기대를 저버리지 않고 나를 구원해 주었다.
 "유럽정신을 함께 호흡하던 '괴테의 독일' '베토벤의 독일'을 상기해야 한다……. 1945년 4월 30일, 히틀러는 베를린의 한 대피호 속에서 자살했다. 5월 7일 나치스 독일은 종말을 고했다. 나치즘의 패망은 당연했다. 이 때문에 일본이 맛본 원폭세례를 면할 수 있었다."
 겨우 세 시간 정도 눈을 붙인 뒤 '구세주'의 아내가 정성껏 준비한 해장국을 허겁지겁 몇 술 뜨고 '구세주'와 함께 택시를 잡아타고 출근했다. 원고지 한 장을 메우기가 무섭게 편집자가 낚아채가는 가운데 세 시간을 꼬박 앉아 20매를 완성했다. 그날 오후 파란만장한 나의 취재 비화를 간직한 8·15 광복 30주년 기념특집이 독일 역사교과서 표지 사진과 함께 잉크 냄새 물씬 풍기며 신문에 실려 나왔다. "일본도 독일의 역사교육을 본받아야 할 터인데……." 독일 편을 읽고 난 일본 편 담당 P차장의 그 때 그 한마디를 오늘의 일본을 향해 외쳐보고 싶다.

- 추신: '구세주' L은 이기백 형. 서울신문 첫 독일 특파원, 사회부장, 출판국장 등을 거쳐 논설위원을 지내고 은퇴했다. 독일통일 외교 비사일지 '독일통일 329일'과 독일통일 출발을 알린 동독인들의 목숨 건 동독 탈출기 '공화국 탈출' 2권의 저서가 있다.

잊지 못할 김밥

 전방부대로 배치될 신병들을 가득 싣고 대구를 출발한 군용열차는 늦추위가 채 가시지 않은 1966년 3월 초순의 싸늘한 새벽 공기를 가르며 북으로 내달렸다. 용산역이 가까워 올수록 나는 친구 Y의 모습을 떠올리며 춥고 배고픈 눈앞의 서러운 현실과 신병생활과 함께 곧 펼쳐질 암울한 미래를 잠시 잊고 있었다. 내 편지를 읽었으면 따끈한 아랫목 이불 속에 몸을 뉘여도 마음이 편할 리가 없겠지…….
 대구 군의학교 신병교육이 끝나갈 즈음 나는 Y에게 편지를 띄었었다. 대충 이런 내용이었다.
 "후반기 신병교육도 무사히 끝나간다. 곧 전방으로 배치된다. 요즘 내가 심히 배를 곯고 있다. 제 아무리 매혹적인 팔등신 미녀도 밥 한 그릇만 못한 것 같다. 군용열차가 용산역에서 잠시 쉬어간다고 하니 필히 김밥을 지참하고 열차 창문 밖으로 목을 빼고 너를 학수고대하고 있을 나를 위문하기 바란다."
 드디어 군용열차가 용산역으로 서서히 진입하면서 늘어선 면회객들의 모습이 차창을 스치기 시작했다. 나는 곧 김밥이 들어있을 것으로 보이는 꾸러미를 한손에 들고 합격자 명단에서 자신의 이름을 찾듯 긴장한 모습의 Y를 발견할 수 있었다. 나는 열차 창문 밖으로 머리를 내밀고 목이 터져라 친구의 이름을 불렀다. 입대열차에 몸을 싣고 신촌역에서 전송 나온 그와 헤어진 지 석 달 남짓만의 재회였다.

나는 Y가 건네준 김밥으로 허기진 배를 채워가며 주린 대화도 이어 나갔다. 나는 그와 이야기를 나누면서 서울이 갑자기 그리워지기 시작했다.

"서울 인근의 신병보충대에서 며칠 머무는 동안 돈 몇 푼 들이면 외박을 허락 받아 서울에 다녀올 수가 있다는데……" 용기를 내서 입을 열었다.

"너 돈 좀 가진 거 있냐?" 나는 마치 맡겨놓은 돈을 달래 쓰듯 선량한 학생의 돈을 뜯는 불량배처럼 담대하게 물었다. 뜻밖의 주문에 텅 빈 주머니를 확인한 친구는 즉시 결단을 내렸다.

"열차가 얼마나 더 정차할지는 모르지만 내가 잽싸게 집에 가서 갖고 올 터이니 꼼짝 말고 게 있거라."

Y가 등을 돌려 집을 향해 내달리기 시작했다. 집이 그리 멀지 않다고는 하지만 구보로 다녀와도 한 시간은 족히 걸릴 거리였다. 나는 그가 맡은 바 임무를 수행하고 제때에 무사귀환하기를 애타게 기다리며 초조한 마음을 달래기 시작했다.

꼬불쳐 둔 제 용돈을 들고 나오려는 건지, 돈 내놓으라고 어머니를 들볶아 대고 있는 것은 아닌지, 집에도 없는 돈을 마련하느라 어디 가서 한탕 벌이고 있는 것은 아닌지, 아니면 '에라 모르겠다.'하고 이불 뒤집어쓰고 만사 잊기로 작정한 건 아닌지, 온갖 상상이 꼬리를 물었다.

공연히 허물없다고 친구에게 어려운 숙제를 안겨주었구나 하는 후회와 자책감이 들었으나 이미 엎질러진 물이요, 던져진 주사위였다.

친구는 함흥차사인데 규정된 휴식을 마친 열차는 서서히 육중한 몸체를 움직이기 시작했다.

"낭패로구나!" 체념의 순간, 결승선을 향해 스타디움에 들어서는 마라톤 선수처럼 역구내로 달려 들어오는 Y의 모습이 저 멀리 보였다. 열차가 움직이기 시작한 사실을 감지한 듯 친구는 마지막 스퍼트를 다해 바톤을 넘겨주려는 릴레이 선수처럼 내가 앉은 열차창문을 향해 전력으로 내달려오기 시작했다. 그의 한손에는 바톤 대신 나에게 건네줄 현금이 들려있을 것이었다. 잠시 클로즈 엎 되었던 Y의 모습은 열차가 속도를 더해가면서 다시 작아지기 시작했다. 질주를 포기하고 멈춰선 친구는 가물가물 점이 되어 사라져버렸다. 마치 영화의 한 장면처럼.

 벌써 30여 년 전 일이어서 김밥을 잘 먹었다고 인사는 제대로 했었는지, 극적인 영화장면 연출에 대한 유감의 뜻은 전했는지 그저 가물가물하기만 한데, 그런 Y가 미국 이민까지 함께 와서 마음만 먹으면 매일이라도 다녀올 수 있는 거리에 살고 있다는 사실은 분명 큰 축복이 아닐 수 없다. 그와 경복 중 일학년 때 만났으니 벌써 40여 년의 세월이 흘렀다. 애처가인 그는 여복이 많아 딸 둘을 낳고 행복하게 살고 있다.

나도 '국화 옆에서'

가을의 꽃, 국화가 한창이다. 국화 철이 되면 미당 서정주의 시 '국화 옆에서'가 떠오르고 한 여름 국화 옆에서 잠 못 이루며 애태우던 반세기 너머 어린 시절이 생생하게 되살아난다. 그해 여름 나는 국민학교(현 초등학교) 5학년 열한 살 소년이었다. 한 송이 국화꽃을 피우기 위해 그토록 울었다는 미당의 소쩍새처럼 울며 지새웠던 어린 시절이 이제는 돌아가 쉬고 싶은 고향처럼 그리워진다.

그 날은 손꼽아 기다리던 여름 방학 날이었다. 방학과제물을 다 나눠준 담임선생님이 손으로 이마를 탁치며 반 아이들을 둘러보았다.

"중요한 방학 숙제 하나를 깜빡 했네. 이 숙제는 세 명이 맡으면 되는데······. 누가 맡아줄까?"

선생님이 창가에 놓인 세 개의 화분을 가리켰다. 봄부터 급우들이 일주일씩 당번을 맡아 정성껏 가꿔온 화분들이다. 한 달이나 되는 긴 방학 동안 텅 빈 교실에 그대로 놓아 둘 수는 없었다. 이름 모를 큰 화분은 덩치 큰 석환에게 맡겨졌고, 코스모스 화분은 반장인 병각에게 돌아갔다.

"국화 화분은 학습부장 시엽이가 맡지? 반을 대표해서 맡는 거니까 잘 가꿔야 해."

국화 화분을 가슴에 안고 집으로 돌아가는 나의 발걸음이 무거워졌다. 뜻밖의 방학 숙제로 풍선처럼 잔뜩 부풀었던 방학 기분도 사그라졌다. "이 국화가 제대로 커줄까?"

　방학 첫날부터 국화 화분은 햇빛이 잘 드는 장독대 위에 모셔졌다. 뒷산에서 긁어온 부식토를 섞어주고 어머니께 부탁해서 모은 쌀뜨물을 매일 먹인 탓인지 국화는 새 잎을 틔우며 무럭무럭 잘 자랐다. "시엽이 국화가 제일 몰라보게 컸네." 선생님의 칭찬이 귓가에 쟁쟁히 들려왔다. 방학이 열흘이나 훌쩍 지나갔다. 국화 옆에서 나는 개학날을 손꼽아 기다렸다.

　그런데 개학날 탐스럽게 키운 국화 화분을 선생님과 온 급우들 앞에서 뽐내보려던 나의 꿈이 깨져버렸다. 국화잎이 밑에서부터 하나 둘씩 잘려나가는 기이한 사건이 며칠간 계속 발생한 탓이다. 선생님의 노한 얼굴이 떠오르고 급우들이 놀려대는 소리가 환청처럼 들려오며 나를 울렸다. "네 국화는 여름을 탔냐? 껑충 키만 컸네." "국화가 벌써 낙엽이 졌냐?"

　새 잎을 틔우긴 했지만 국화는 꽁지 빠진 새처럼 볼썽사나워졌다. 아무리 생각해 보아도 짓궂은 동생의 장난 같았다. 그러나 온 종일 동생을 감시한 날에도 국화는 여전히 잎을 잃었다. 사건은 미궁에 빠져버렸다. 그런데 뜻밖에 범인(?)이 범행현장에 모습을 드러냈다.

　그 날 장독대가 내려다보이는 다락방에서 수박을 먹으며 방학숙제를 하고 있었다. 햇빛이 마당을 빠져나가고 땅거미가 깔리기 시작할 무렵, 쥐 한 마리가 나타났다. 놈은 능숙하게 화분 위로 잽싸게 기어올라가더니 뒷다리를 한껏 곧추세워 국화 잎 하나를 따 입에 넣고 오물거렸다.

　'저 놈이었구나, 내 방학을 앗아간 놈이!' 나는 먹던 수박을 놈을 겨냥해 힘껏 내던졌다.

　국화는 즉시 장독대에서 유리창문이 달린 신발장으로 옮겨졌다. 신발장은 햇빛이 잘 들고 바닥에서 1미터쯤 되는 높이에 있어 국화 피난처로는 최적이었다. 나는 아침 일찍 신발장 문을 열고 해가 지면 닫는 새 일과를 시작했다. 그 뒤 나는 국화가 쥐에게 먹히는 악몽에 종종 시달렸다.

 개학 전날, 나는 엄마에게 아침 일찍 깨워달라고 신신당부하고 잠자리에 들었다. 아무도 보지 않는 이른 새벽에 살그머니 화분을 교실에 갖다 놓을 생각이었다. 개학날이 밝았다. 나는 아침도 거르고 왼손에 방학숙제를 오른손에는 잎이 많이 잘려나간 국화 화분을 보물처럼 끌어안고 등교시간 1시간 30분 전에 집을 나섰다. 학교는 슬슬 걸어도 20분이면 충분히 닿을 거리에 있다.

 텅 빈 운동장을 가로질러 나의 교실로 향했다. 교실은 3층 건물 2층에 있다. 도둑처럼 사방을 살피며 소리죽여 텅 빈 교실 문을 열었다. 나는 국화화분을 제자리에 갖다놓고 도망치듯 내 책상으로 돌아왔다. 멀고 먼 고된 여행에서 돌아온 듯 피로가 한꺼번에 몰려왔다. 책상에 엎드려 두 팔 사이에 얼굴을 파묻었다.

 깜빡 잠이 들었었나 보았다. 급우들이 검게 탄 얼굴로 교실로 들어오고 있었다. 덩치 큰 화분, 코스모스 화분도 풍성한 잎들을 뽐내며 돌아왔다. 선생님도 검게 탄 얼굴에 웃음을 띠며 들어오셨다. "다들 건강한 모습으로 돌아왔군. 화분들도 모두 잘 키웠네."

 화분 소리에 내 가슴이 철렁 내려앉았으나 어느 누구도 화분에는 관심이 없는 것 같았다. 나도 몰래 안도의 한숨이 절로 새어나왔다. 그 해 가을 내 국화는 세 송이의 노란 국화꽃을 활짝 피웠다.

설마를 경계하라!

 설마 했다가 큰 화를 당하는 경우가 있다. 최근 설마에 당한 천안함 참사로 고국이 내홍을 치르는 것을 울적한 마음으로 지켜보다 군복무 시절 '단 한 번, 단 하나의 목적'을 강조하던 김 중위가 문뜩 생각났다. 군대 얘기는 되도록 삼가고 싶지만 월드컵 축구 열기에 천안함 이슈가 녹아버리기 전 김 중위 얘기를 꼭 꺼내고 싶다.

 한탄강 기슭 언덕 위에 자리 잡은 사단 의무중대 입구에는 개울이 흘렀다. 폭 10여 미터에 물이 정강이의 반쯤 차오르는 이 개울에는 장병들이 돌로 쌓아 만든 돌다리가 놓여있었다. 장병들과 군 차량들이 유일한 통로인 이 돌다리를 통해 부대를 드나들었다.

 1966년 장마전선과 함께 나는 이등병 계급장을 달고 이 부대에 전입되었다. 전입 이튿날부터 나는 장마에 대비한 각종 노역에 불려 다니며 초주검이 되었다. 나는 하루 빨리 장맛비가 쏟아지기만을 하늘을 우러러 빌었다. 비가 오면 야외 중노동은 뚝 그칠 것이라고 굳게 믿었기 때문이었다. 전입 닷새째에 잔뜩 찌푸렸던 먹구름이 드디어 비를 뿌려대기 시작했다. 나는 속으로 하나님 만세를 불렀다. 막사를 마구 두드려대는 빗방울 소리가 마치 '신세계 교향곡'같았다. 장병들은 내무반 안에서 하늘이 내린 휴식을 즐기고 있었다. 천금 같은 휴식이 깨진 것은 드세던 빗발이 약해졌다고 느낄 즈음이었다.

 "우의 걸치고 중대 전원 연병장에 집합!"

부슬부슬 비가 내리는 연병장 한가운데 미군용 비옷인 판초우의를 둘러쓰고 중대 부관 김 중위가 떡 버티고 서있었다. 장병들이 도열을 마치자 김 중위가 입을 열었다.

"지금부터 부대 앞개울 돌다리 보수작업을 시작한다. 휴식을 방해해서 불만 있나!"

"불만 없습니다!" 이구동성 외쳐댔지만 장병들의 속은 불만으로 부글부글 끓고 있었다. 장병들은 어깨를 축 늘어뜨리고 패잔병처럼 말없이 김 중위의 뒤를 따라 나섰다.

개울물은 불어 무릎까지 차올랐고 돌다리도 센 물살에 군데군데 쓸려나갔다. 장병들은 2인 일조가 되어 물살을 가르며 바위를 들어 올려 돌다리를 보수했다. 허리가 휘는 이 돌다리 보수작업은 장마철 내내 계속되었다. 빗속에서 세 차례나 작업에 동원된 날은 밤새 끙끙 몸살을 앓았다. 장마철에는 휴식을 좀 취할 수 있으리라는 졸병의 장밋빛 꿈은 장마에 휩쓸려 물 건너가 버리고 말았다.

돌다리 노역 닷새째 되던 날, 취침 점호 시간에 주번사관이었던 김 중위가 나타났다. 말수가 적은 그는 점호를 마치고 짤막한 훈시를 하겠다며 입을 열었다.

"돌다리 보수작업에 모두 수고들 많았다. 할 일이 없어 시간이나 때우자고 시키는 작업이 결코 아니다. 군인은 적과의 전투라는 단 하나의 목적을 위해 존재한다. 적의 공격이 예측 할 수 없는 미래에 1백만분의 1 확률로 발생한다 할지라도 항상 임전태세를 갖추고 대비하는 것이 군인의 사명이다. 군인 사전에는 '설마'가 없다. 돌다리도 전투에 대비해 언제나 이상이 없도록 유지되어야 한다. 제군들! 말짱 헛수고를 하는 것 같아 억울한가? 제대 후에도 단 하나, 단 한 번의 목적을 위해 늘 설마를 경계하기 바란다. 장마가 그칠 때가 있겠지."

벌써 40여 년의 세월이 흘렀다. '장마가 그칠 때가 있겠지.' 란 말이 '한반도에 평화가 올 때가 있겠지.'란 의미로 들렸던 기억이 지금도 생생하다. 이제는 추억이 되어버린 장마철 고행은 김 중위를 통해 나의 인생에 고귀한 좌우명 하나를 선물로 안겨주었다. 살다 보니 인생은 '단 하나, 단 한 번의 목적'을 위해 크고 작은 수고를 지속적으로 감내하지 않으면 안 되는 일이 많다는 사실을 새삼 깨닫게 된다. 목조건물인 국보 1호 숭례문 화재도 '나무는 불에 탄다.'는 세 살배기도 알만한 상식만 명심하고 '단 하나의 목적'인 '화재 예방'을 위해 철저히 경비했더라면 도저히 발생할 수 없는 어처구니없는 인재였다.

'설마'는 '단 하나, 단 한 번의 목적'을 깨기 위해 은밀히 겨냥된 수중어뢰 같은 존재이다. 광기 있는 적과 대치하려면 대화도 필요하지만 통일의 그 날까지 적에게 당하지 않는 게 최선책이다. 진정한 고수는 당하지 않는다. 당하지 않고 사는 게 어디 그리 쉬운 일일까 마는……. "당할 때를 알지 못하나니, 그러므로 항상 깨어 있으라."

천국과 지옥

 아침부터 후덥지근했던 1959년 한여름 등굣길. 보기만 해도 숨이 꽉꽉 막히는 찜통 만원버스를 탈 생각을 하니 한숨이 절로 나오며 가슴이 답답해지기 시작했다. 배움의 길이 어찌도 이다지 고달프고 험난한지……. 나는 심호흡을 한번 크게 하고 지옥 같은 만원버스 속에 짐짝보다 못한 몸을 쑤셔 넣었다.
 "오라잇" 출발신호와 함께 우락부락한 버스차장의 배치기에 떠밀린 나는 두더지처럼 승객들의 틈새를 파고들었다. 허리와 허리 사이를 꿰뚫고 땀내 물씬 풍기는 겨드랑이 밑을 지나 크고 작은 발등을 타고 넘는 역경과 고난의 길에도 분명한 목표가 있나니, 오로지 목표는 창가. 운 좋으면 창가 자리에 앉은 예쁜 여학생이 내 책가방을 받아주는 행운을 누릴 수도 있다.
 "야, 발조심해! 뵈는 게 없어?"
 두 눈 질끈 감고 인간 늪 속을 헤매다 드디어 두발을 버스 바닥에 딛는데 성공. 아, 창가가 보인다! 나는 긴 잠수 끝에 수면 위로 솟아오른 해녀처럼 참았던 숨을 "휴우" 길게 토해내며 코 밑까지 푹 내려온 교모를 치켜 바로잡고 고개를 쳐들었다. 그 순간, 나는 잠시 호흡이 정지된 채 그대로 얼어붙고 말았다.
 언젠가 하학길에 마주쳤던 여학생. 오똑한 코, 서글서글한 눈매, 모나리자 같이 알 수 없는 미소를 머금은 입, 상큼한 목과 두 갈래 땋은

머리가 돋보이던 여학생. 그날 밤늦도록 잠을 설치게 만들었던 그때 그 여학생.

바로 그녀가 요정처럼 내 곁에 서있는 게 아닌가! 이게 꿈인가, 생시인가? 물 먹은 걸레같이 땀에 절어 축 처졌던 내 몸에서 나도 모르게 일순간에 생기가 분수처럼 솟아났다. 이제 그녀와 나 사이에 가로놓인 장벽은 오로지 얄팍한 둘만의 교복뿐. 그녀는 나의 존재를 아는지 모르는지 책가방을 두 손으로 모아 쥐고 창밖만 응시하고 있었다. 나는 코앞에 있는 그녀를 제대로 쳐다볼 수가 없었다. 가슴이 두근거리기 시작했다. 곧이어 그녀의 따스한 체온이 느껴지고 그녀의 잔잔한 숨결도 전해왔다.

이제 버스 안에는 오직 그녀의 따스한 체온만이 존재할 뿐 한증막 같은 열기는 온데간데없이 사라져버리고 말았다.

-천국이 어디 따로 있나? 마음먹기에 따라 지옥 같은 만원버스도 천국이 될 수 있지. 만원버스여! 제발 멈추지 말고 이대로 땅 끝까지 달려다오! 그래, 달리지 못해도 좋다. 타이어가 펑크가 나도 좋고 고장이 나서 서 버려도 좋다.

아인슈타인이 그의 상대성이론을 쉽게 비유로 설명한 말도 생각났다.

"남자가 꿈속에서 만나보던 예쁜 여자와 한 시간 동안 나란히 앉아있으면 그 한 시간은 일분처럼 짧게 느껴지겠지요. 그러나 뜨거운 난로 옆에 일분 동안 앉아있으면 그 일분은 한 시간처럼 길게 느껴질게요. 그게 상대성이요."

오늘따라 버스는 왜 이리 쌩쌩 잘도 내달리는지, 정차시간은 왜 이다지도 짧은지, 타고내리는 승객들의 동작은 왜 그리도 날렵하며, 한 명이라도 더 쑤셔 넣으려는 차장의 느긋한 배짱은 어디 두고 왔는지

도무지 알 수 없는 노릇뿐이었다.

정신없이 그녀와 어깨를 나란히 천국을 거닐고 있는데 악몽을 꾼 듯 아득히 먼 속세에서 환청처럼 들려온 소리, "오라잇". 아뿔싸, 빌어먹을 광화문이었구나!

"여기 내려욧!"

"이 새끼, 내리실 분 내리라고 악을 쓸 때는 딴 데 정신팔고 있다가 안 내리고, 이 얼빠진 놈."

헐레벌떡 천국 문을 빠져 속세로 발을 내딛자 화가 치민 차장의 발이 내 궁둥이에 둔탁한 충격을 가해왔다. 그 바람에 책가방을 얼싸안고 길바닥에 꼬꾸라지는데 또 차장의 욕설이 내 뒤통수에 떨어졌다.

"경복 다닌다는 자식이 왜 저리 어리어리해."

엉거주춤 일어나 원망에 찬 눈초리로 차장을 째려보려는 순간, 나는 보았다. 천국 창문을 통해 나에게 측은한 눈빛을 보내고 있는 그녀를.

(경복고 동창회보 게재)

장

제 5 장

아빠! 알았어?

공짜는 없다

공짜 물을 마셔버리기로 결단을 내린지 훌쩍 석 달이 지나갔다. 그런데도 5갤런 들이 플라스틱 통의 물은 겨우 반밖에 줄어들지 않았다. 내가 하루 평균 5백 밀리리터 병물 3병을 마시니까 한 달이면 5갤런 물통 둘을 거뜬히 비웠어야 계산이 맞는다. 그렇다고 내가 공짜 물을 아껴가며 마셨느냐 하면, 그건 결코 아니다. 그 동안 병 물을 계속 사서 마셨으니까.

내가 공짜 물과 첫 대면한 것은 지난 5월 초순 어느 주말이었다. 아내와 외출에서 돌아와 보니 문 앞에 5갤런 들이 플라스틱 물통 2개가 나란히 놓여있었다. 물통에 'Sparkletts' 상호가 선명히 새겨져 있고 플라스틱 안전마개는 스티커로 봉인되어 있었다. 나는 병 물을 사다 마시는 번거로움을 덜기 위해 아내가 물 배달을 주문한 것으로 짐작했다. 그런데 아내는 고개를 갸우뚱거리며 오히려 나를 쳐다보았다. 우리는 곧 누구도 물을 주문하지 않았다는 사실을 깨달았다.

"배달 사고 아니겠어. 그대로 놔두면 곧 배달부가 도로 찾아가겠지."

나의 판단에 따라 번지수를 잘못 찾은 물통 둘은 우리 집 문 앞에서 배달 사고를 낸 배달부를 기다리기 시작했다. 하루 이틀 안에 물통이 제 주인을 찾아 떠나리라 나는 굳게 믿었다. 그러나 일주일이 지나도 두 물통은 제자리를 굳게 지키고 있었다. "좀 더 지켜보지." 하며 슬슬 미루다 보니 한 달이 휙 지나갔다.

"물통을 무한정 문 앞에 방치할 수도 없고……. 멀쩡한 음료수인데 우리가 마셔버리지."

그러나 아내는 쉽사리 동의하지 않았다. 찜찜해서 마시지 못하겠다는 거였다. "도대체 뭐가 찜찜한데?" 호기롭게 한마디 던졌지만 실은 찜찜하기는 나도 마찬가지였다. "가만있자……. 각박한 요즘 세상에 어느 누가 제 정신 같고 음료수 10갤런을 공짜로 돌려. 선전용? 말도 안 되는 소리지." 예까지 생각이 미치자 찜찜한 느낌이 도대체 어디에서 비롯되었는지 궁금해졌다.

"맞아! 어느 놈이 우리를 해코지하려고 음모를 꾸몄을는지도 몰라?"

독극물로 오염된 물일지도 모른다는 생각이 찜찜함 느낌을 헤집고 불쑥 떠올랐다. 마개의 봉인도 우리를 안심시키려는 계획적 의도처럼 보였다. 그렇다면 우리를(어쩌면 나만을) 해치려는 저들의 동기는 무엇일까? 나는 원한을 살만한 주변 인물을 머릿속에 하나하나 떠올려보았다. 그러나 아무리 머릿속을 휘저어보아도 나 같은 선량한 인간을 해칠 사악한 인물은 걸려들지 않았다. 추리소설 같은 음모론은 맥없이 사그라졌다. 그러나 찜찜함은 여전히 머릿속을 맴돌았다.

혹시 우리의 양심을 시험당하고 있는 게 아닐까? 누군가가 양심 테스트를 위해 무작위로 표본 주택을 선정해 물통을 배달해 놓고 매일 감시하고 있을지도 모른다는 생각이 들었다. 아마도 물통이 문 앞에서 사라진 날, 조사원이 해당 주택을 방문해서 물통의 행방을 묻고 물통을 어떻게 처분했는가를 알아보리라는 상상이었다.

무더위에 물통과 씨름하는 나를 묵묵히 지켜보던 아내가 언제까지 물통을 문밖에 모셔둘 계획이냐며 나의 결단을 촉구했다. 나는 설령 물을 쏟아버리는 한이 있더라도 일단 물통을 집안에 들여놓기로 했다. 집 안에 들어온 물통은 현관 신발장 옆에 열흘쯤 또 방치되었다. "마시지 않으려거든 쏟아버리지……." 한번 "노우"하면 웬만해서는 마음을 변치 않는 아내가 투덜댔다.

"세계적으로 식수난이 얼마나 심각한데 10갤런이나 되는 음료수를 쏟아버려. 죄받을 노릇이지." 나는 공짜 물을 마시기로 작심했다. 공짜 물을 마지못해 입에 대는 나를 아내는 말리지 않았다. 이미 마음을 정한 아내는 공짜 물을 증류수 대신 증기다리미에 넣어 쓰기 시작했다. 나는 어쩌다 생각이 나면 공짜 물을 한 모금씩 마셨다.

공짜 물은 이제 더 이상 공짜가 아니다. 공짜 물과 씨름하는 동안 지불한 정신적 고통, 갈등, 고민이나 이에 따른 스트레스를 감안하면 나는 이미 비싼 물 값을 톡톡히 치루지 않았나 싶다. 공짜에 찜찜한 느낌이 든다면 공짜를 제대로 누릴 수가 없다. 공짜라면 깜빡 죽는 사람들의 단순한 심리가 부럽다.

귀신이 곡할 사건?

'귀신이 곡할 사건'을 까맣게 잊고 지내던 정초, 나는 사건이 일어났던 현장에서 인기척에 놀라 혼비백산 내빼는 '범인'을 우연히 목격하게 되었다. 미궁에 빠졌던 사건의 범인을 끝내 색출해낸 형사가 상사에게 낭보를 전하듯 나는 즉각 아내에게 달려가 보고했다.

"드디어 범인을 찾아냈어!"

영문을 모르는 아내는 밑도 끝도 없이 무슨 귀신 씨나락 까먹는 소리를 하느냐는 듯 나를 멀끔히 쳐다보았다.

지난여름이었다. 뒷마당에 내다놓고 쓰던 유리탁자의 유리판이 깨져버렸다. 두께가 1.5센티미터나 되어서 두발을 딛고 올라서도 꿈쩍도 않던 유리판이었다. 아내는 퇴근해서 돌아온 나에게 자초지종을 설명했다. 전날까지 말짱하던 유리판이 아침에 보니 한 귀퉁이가 크게 깨져 떨어져나간 채 시멘트 바닥에 내려앉아 있더라는 것이다. 대충 현장검증을 마치고 나는 마치 과학수사 요원처럼 한마디 내뱉었다.

"고열에 의한 급열팽창이거나 망치 따위로 세게 내려치지 않고서는 도저히 저절로 깨질 수가 없는 유리인데……. 귀신이 곡할 사건이군."

고열에 의한 경우는 현실성이 없다고 판단되어 제외하고 덜렁이 정원사의 실수가 아니면 누군가 들어와 깼을 거라는 음산한 추리를 하다가 나는 사건을 종결해 버렸다. 탁자에는 깨진 유리판 대신 묵직한 나무판을 올려놓았다. 그리고 그 사건을 까맣게 잊고 있었다.

"범인이 누군데?" 지난 사건을 떠올린 아내가 호기심이 잔뜩 서린 표정으로 내 대답을 재촉했다. 나는 '범인' 색출의 전말을 아내에게 의기양양하게 늘어놓았다.

'범인'은 꿈속에서도 상상하지 못했던 카요테였다. 야산을 깎아 조성한 주택지여서 우리 집 뒷마당에 가끔 출몰하는 카요테의 존재를 나는 잘 알고 있었다. 한 번은 그물망에 넣어 말리던 고등어를 물고간 적도 있었으니까. 그 날 카요테는 탁자 나무판 밑으로 머리를 깊숙이 들이 박고 소쿠리 안을 정신없이 들쑤시다가 내 인기척에 놀라 나무판을 들치고 후다닥 줄행랑을 놓았다. 왼편이 튀어 올랐던 나무판은 탁자의 쇠다리를 치고 바닥으로 떨어졌다. 마치 '범인'인 카요테가 현장 검증에서 유리판 대신 나무판을 사용해 범행을 재연하는 모습을 보는 듯 했다. "아하! 그랬었구나!" '귀신 곡할 사건'의 전모가 확연이 머릿속에 그려졌다.

탁자 유리판은 네 개의 탁자 쇠다리 위에 고정되지 않은 채 얹혀 있었다. 본래 유리판과 쇠다리 접촉 부위에 투명한 충격방지 고무 패드가 끼워져 있었으나 모두 분실된 상태였다. 유리판을 들었다 놓으면 고무 패드가 없는 쇠다리에 유리판이 직접 부딪쳐 깨지리라는 것은 불을 보듯 뻔한 일이다. 탁자 밑 소쿠리 안에는 카요테의 먹거리가 됐음 직한 갖가지 채소가 담겨있었다.

내 보고를 듣고 난 아내가 드디어 누명을 벗게 되었다며 입을 열었다. 집에 있었다는 이유 하나로 사건에서 자유스러울 수 없었던 아내는 알리바이나 결백을 증명해 보일 수 없는 답답한 처지여서 아예 입을 꾹 다물고 참고 지냈던 모양이었.

아내는 내가 무심코 뱉은 '귀신이 곡할 사건'을 '당신이 안 그랬다면 참말로 귀신이 곡할 사건'으로 새겨듣고 꽤나 속상했었다고 털어놓았다. 제정신 있는 남편이 어찌 아내를 범인으로 몰아붙일 수가 있으며 정신이 온전한 아내가 무슨 별난 취미로 멀쩡한 유리를 내려쳐 깨겠는가? 하늘을 우러러 한 점 부끄럼이 없는데 오해를 사고 의심을 산다는 것은 얼마나 억울하고 분통이 터지는 일인가?

　요즘 세상에 귀신 곡할 노릇이 어디 있는가. 무심코 내뱉은 말 한마디에 그 동안 무고한 아내만 마음고생을 시키고 말았다. 모르면 그저 모른다고 하거나 잠자코 입을 닫고 있으면 될 것을 하도 신묘해서 이해할 수 없다고 '귀신이 곡할 사건'으로 치부할 노릇이 아니다. 세상에 사람 머리로 이해 못할 사건이 어디 하나둘인가? 말 한마디에 '귀신이 곡할 사건'이 '아내가 곡할 사건'이 되는 수가 있다.

나의 스승 '밤의 여왕'

이사를 오던 날, 첫 눈에 내 눈 밖에 났던 관목이었다. 집 입구 오른쪽 벽을 기대고 서 있는 이 관목은 꼬락서니부터 눈살을 찌푸리게 만들었다. 밑동에서 제멋대로 뻗어 나온 손가락 굵기의 가지들에다, 잎사귀들은 벌레에게 먹혀 배배 꼬여 비틀려 있었다.

미운 털이 박힌 이 관목은 잡초처럼 빨리 자랐다. 나는 자라기가 무섭게 가위질을 해대며 전 집주인을 향해 불평을 늘어놓기 시작했다.

"이것도 나무라고 집 입구에 심어 미관 해치고 대물려 나까지 생고생을 시켜······."

투덜대며 가지치기를 두어 달 하다 보니 이 관목이 어쩌다 운 좋게 집 입구에 뿌리내린 잡목일 거라는 확신이 들었다. 나는 이 잡목을 제거하기로 작심했다. 귀찮은 가지치기도 당연히 중단했다.

압박과 설움에서 해방된 잡목은 제 세상 만난 듯 가지와 잎을 빠르게 키워냈다. 그런데 내가 대체할 멋진 나무를 구하러 쏘다니며 차일피일 뽑기를 미루는 동안 '미운 오리 새끼'같은 잡목이 백조의 꿈을 안고 비상을 준비하고 있었을 줄이야······.

"집 안에 향수를 다 뿌리고······. 오늘 귀한 손님이라도 왔었나?"

그해 초여름 밤, 집 안으로 들어서던 나는 때 아닌 은은한 향수 냄새에 내 코를 의심하며 집 사람을 추궁했다. 집 사람은 심드렁하니 대꾸했다.

"향수 좋아 하시네."

신비스런 향내의 근원을 추적하기 위해 코를 벌름대며 사냥개처럼 온 집안을 샅샅이 탐색했으나 허사였다.

"향내를 밖에서 몰고 들어왔구먼."

"밖에서? 어떤 미친놈이 온 동네에 향수 세례를 베풀고 다녀?"

코를 따라 나는 열려 있는 문밖으로 나갔다. 짙은 향내가 코 안으로 확 밀려들어오며 잠시 정신이 몽롱해졌다. 순간 나의 얼굴이 잡목 깊숙이 묻혀버렸다.

정신을 가다듬고 자세히 살펴보니 잎사귀 사이마다 숱하게 피어난 트럼펫 모양의 작은 꽃들이 짙은 향기를 뿜어내고 있었다. 2센티미터 길이의 가는 화관에 달린 별모양의 꽃은 옅은 연두 빛이어서 무성한 잎사귀에 가려 얼른 눈에 뜨이지 않았다. 잡목은 이미 백조로 변신해 있었다. 불평의 상대였던 전 집주인을 향해 나도 모르게 찬사가 흘러나왔다.

"아! 이렇게 멋진 향나무를 집 입구에 심어놓다니……."

뒤늦게 수소문해서 알아낸 잡목의 이름은 나잇 블루밍 재스민(Night-blooming Jasmine). 중앙아메리카와 서인도제도가 원산지인 다년생 관목으로 봄부터 늦가을까지 꽃을 피우며 짙은 향기를 뿜어댄다. 그런데 신기한 현상은 해가 떨어지고 어둠이 짙게 깔리는 밤에만 향기를 뿜어낸다는 사실이다. 그래서 붙여진 별칭이 '밤의 여왕', 한국에서는 '기생꽃나무'로 불리기도 하고 중국에서는 '야래향'으로 예부터 사랑을 받아왔다.

올해도 4월 말부터 봉오리를 틔워 두 달 남짓 향기를 선물한 '밤의 여왕'이 9월 들어 또 꽃대롱을 열어 향기를 뿜어대고 있다. 한밤 이층 서재 창문 사이로 솔솔 스며들어오는 향내를 맡으며 나는 깊은 상념에 젖었다. '밤의 여왕'을 몰라보다니……

　나무마저도 왜 겉을 보고 판단했을까? 선입견과 고정관념의 대상이 어찌 나무뿐이랴. 영국 탤런트 쇼에 출연해서 단번에 세계적 스타가 된 40후반의 독신 풍보 가수 '수산 보일' 같이 나이 들고 못생겼으면 노래 솜씨도 별 볼일 없을 것이라는 선입견을 나도 갖고 있지 않았을까? 나는 첫 무대에서 그녀에게 보냈던 심사위원들과 관중들의 냉소와, 냉소를 삽시간에 감동과 열광적인 기립박수로 바꾼 그녀의 열창을 결코 잊을 수가 없다.

　장래가 보장되는 컴퓨터 공학을 중도 포기하고 언어학을 전공한 아들 유리(Yurie)가 한때 잡목처럼 한심하게 보였으나 그는 대학졸업 후 2년간의 미 육군 자원 복무에 이어 신학대학원을 소신껏 마치고 현재 미국교회 Irvine Community Church 담임목사가 되어 향나무처럼 살고 있다.

　잠재력을 꽃피울 수 있도록 인내심을 갖고 사람을 키울 줄 아는 스승을 만난다는 것은 인생의 큰 축복이다. 나를 찾아 왔던 수많은 기회나 인연 가운데 나의 무지로 놓쳐버린 재스민은 과연 몇 그루나 될까? '밤의 여왕'이 인생의 스승처럼 오늘 밤도 나를 깨우쳐준다.

내가 사고기에 탑승했었더라면

아들 유리야! 이렇게 말짱하게 살아나왔다는 사실이 좀체 믿기질 않아. 기내에 반입했던 여행가방까지 안고 무사히 탈출했으니 내가 아시아나 여객기 대참사의 피해자라 어디 감히 말할 수 있겠어. 피해를 입은 승객들을 생각하면 마음이 아파.

착륙을 바로 코앞에 두고 굉음을 동반한 엄청난 충격에 기체가 요동친 순간, 공포에 질린 내 머리 속은 하얗게 비어버렸고 사고 기능은 정지해버렸지. 텅 빈 뇌리에는 어느 틈에 죽음이란 놈이 똬리를 틀고 앉아있었다. 평생 처음 죽음과 맞서본 절박한 순간이었다. 그 것은 불과 30초 동안에 벌어진 일이었다.

미친 듯 요동치며 질주하던 기체가 멈추자 기체는 굉음에 먹혀버렸던 승객들의 비명과 신음소리로 가득 찼고 생존을 확인한 승객들은 탈출을 위해 요동치기 시작했어. 통로는 승객들로 뒤엉켰고 뚜껑 열린 짐칸에서 가방과 소지품을 챙기는 승객들이 적잖게 눈에 잡혔다. 나도 본능적으로 손을 뻗어 짐칸에서 내 여행가방을 끌어내렸지. 곧 이어 탈출 명령이 떨어졌고 비상구가 열렸다.

승무원들의 재빠르고 헌신적인 활약으로 탈출에 큰 어려움은 없었어. 나는 마치 영화에 엑스트라로 출연한 배우처럼 여행 가방을 바싹 쳐들고 신음하는 승객들을 애써 외면하며 지나쳤다. 비상문 옆에 서서 몸만 뛰어 내리라고 외치는 승무원의 지시를 귓등으로 흘리고 나는 여행가방을 안고 슬라이더 위에 몸을 던졌어. 땅을 밟는 순간 여행 가방을 끌고 용수철처럼 앞으로 튀어나가며 뒤를 돌아보았다. 검은 연기가 치솟는 기체는 금방 폭발해버릴 것 같았어. 살았다는 안도의 한숨이 절로 나오더군.

생사의 기로에서 생존은 기내 모든 승객들의 한결같은 지상 명제요, 생존 앞에 모든 승객들은 하나의 운명체였다. 그러나 생사가 갈리고 생존이 현실로 확인된 순간 타인의 생존은 이미 빛바랜 명제가 되어 버렸지. 그들의 생존은 소유의 본능 앞에 가방만도 못한 존재로 추락해버렸는지 모른다. '사회적 동물'이라는 인간은 또한 '소유적 동물' 아니냐.

유리야, 목사인 너는 '존재와 소유'에 대해 설교를 한 적이 있었다고 했다. 내 옆에는 나와 생사를 함께 한 여행 가방이 있다. 그 안에는 한국의 큰 삼촌이 너희 부부와 네 딸 애나(Anna)에게 보내는 옷과 내가 구입한 선물 등이 들어있다. 이제 여행가방에는 '존재와 소유'라는 인류사에 던져진 영원한 화두도 들어 있다. 나는 여행가방을 그대로 자선 단체에 기부할 생각이다.

지금 미주한국일보와 LA 타임스에 같이 실린 한 장의 사진을 보며 이 글을 쓰고 있다. 검은 연기가 치솟는 기체의 비상구를 통해 탈출한 승객들이 걸어 나오는 장면을 담은 사진이다. 그 사진은 매스컴과 독자 및 네티즌들로부터 큰 반향을 불러일으켰다. 사진을 보고 두 번 놀랬다는 것이다. 엄청난 참사에 비해 큰 인명 피해 없이 승객들이 탈출했다는 사실과, 또 하나는 적잖은 승객들이 여행가방 등 소지품을 챙겨 여유롭게(?) 탈출했다는 점이다.

특히 왼손에 손가방을 걸치고 오른 손으로 큰 여행가방을 끌고나오는 푸른 블라우스의 여성 승객이 논쟁거리를 제공했다. 국적이 확인

되지는 않았지만 중국 네티즌들은 그녀가 중국인일거라며 자조적이고 비난 섞인 댓글들을 달았다. 생사가 걸린 촌각을 다투는 상황에서 어떻게 타인의 생존에 치명적 영향을 미치는 이기적 행동을 할 수가 있냐는 거였다. 옹호론을 펴는 댓글들도 있었지. 그녀의 행동이 비록 비이성적일지라도 합리적인 사고가 힘든 급박한 상황에서 본능적으로 소유물을 챙겨 든 그녀에게 돌을 던질 수가 없다는 것이다.

모든 소유와 함께 말짱하게 살아났을지라도 그녀는 분명 피해자임에 틀림없다. 그녀가 입은 정신적 충격과 비난의 대상이 된 비이성적이며 이기적인 행동으로 인한 자괴감이 평생 그녀를 괴롭힐는지 모른다. 어느 누구도 소유로부터 자유로울 수는 없겠지.

유리야! 문득 가방을 든 승객이 바로 내 모습일 수도 있다는 생각이 들었다. 그래서 "내가 사고기에 탑승했었더라면" 가상을 하고 이 글을 엮어보았다. 숨진 3명의 중국 소녀들의 명복과 부상자들의 완쾌를 빌고 모든 생존자들에게 격려와 위로의 박수를 보낸다.

댓츠 오케이

어머님 가시고 열두 해째 '어머니 날'을 맞는다. 병상에서 한 달간 보내시며 팔순의 삶을 넉넉한 여유와 믿음으로 정리하고 떠나신 어머님을 생각하면 죽음마저도 오랜 친구처럼 친숙하게 다가온다. 죽음을 눈앞에 두고 고통, 신음, 슬픔과 눈물만이 있을 법한 병상에 웃음을 선사하시던 어머님의 모습이 생생하게 떠오른다. "보고 싶은 사람 다 오라고 불렀다가 나 죽지 않으면 망신하는 거 아닌가?" 하시며 자식들을 웃기시던 어머님은 유머 감각을 타고나셨다.

어머님의 별명은 '댓츠 오케이 권사님'이었다. 섬기시던 교회의 목사님이 지어주신 별명이다. 매사에 낙관적이며 긍정적인 어머님은 '댓츠 오케이'(That's OK.)란 영어 표현을 즐겨 쓰시며 교인들을 웃기거나 딱딱한 분위기를 부드럽게 하시곤 하였다. 어머님에게는 죽음마저도 '댓츠 오케이' 같았다.

'메디케어' 신세를 한 번도 지지 않은 것을 자랑하시던 어머님의 말기 위암 선고는 뜻밖이었다. 진단 결과를 통고 받은 나는 병명을 숨긴 채 간단한 수술이니 염려하지 마시라며 어머님을 입원시켰다. 그러나 어머님은 자식들의 얼굴에 짙게 드리워진 염려를 통해 당신의 병세를 짐작하시고 오히려 자식들을 위로했다.

"팔십 늙은이 이제 죽는다 해도 누가 일찍 죽었다 하겠니? 너희들 80까지 한번 세어 봐라. 하나, 둘, 셋, 넷……." 어머님은 팔십 평생이 얼마나 긴 세월인지 증명이라도 해보이려는 듯 열다섯까지 숨 가쁘게 세신 뒤 자식들을 둘러보셨다. 그리고는 수술을 앞두고 고민하고 있는 자식들에게 쓸데없는 고민일랑 끝내라며 화제를 돌리셨다.

"수술할 때 틀니 빼구 하갔디. 틀니 빼면 꼴사납디. 너희들 수술 끝나자마자 잊지 말고 틀니나 끼워 달라."

수술 다음날 어머님은 통증이 심해 밤잠을 설쳤다며 나에게 질문을 하셨다.

"거 진통제가 영어로 뭐디? 내가 영어로 설명을 해 줘도 간호사들이 무슨 말인지 못 알아먹지 않니. 할 수 없이 아픈 거 꾹 참았디."

평양 서문여고를 나오신 어머님의 학구열은 대단하셨다. 어머님 앞으로 배달되는 영문 우편물은 꼬박꼬박 사전을 찾아가며 나름대로 번역을 하셨다가 나에게 번역이 맞느냐고 항상 물으셨다. 미국 시민권 문제 영어 녹음테이프를 들으시며 시험 준비를 하시던 모습과 시민권 인터뷰를 통과하시고 기뻐하시던 모습이 어제 일처럼 눈에 선하다.

어머님의 수술 소식이 전해지자 병상을 찾는 교인들과 친지들의 발길이 이어졌고 병실에서는 찬송과 기도소리가 끝이 않았다.

"나 위해 기도하는 사람 너무 많아 내가 너무 오래 살게 될까봐 이젠 걱정이 됩네다."

어머님의 문병 답례에 문병객들은 굳은 표정을 풀고 밝게 웃었다.

수술이 성공적이라는 집도의의 말과는 달리 병세는 급속히 악화되었고 어머님의 말씀 가운데 죽음이란 단어가 끼어들기 시작했다.

"나 죽으면 하아-하아- 소리 내서 웃으라. 이렇게 아프다 죽으면 얼마나 편안하간. 나 죽은 다음에 너희들 울면 믿음 없는 탓인 줄 알라."

어머님의 전매특허 같았던 '댓츠 오케이' 속에는 어떤 역경도 결국 지나가리라는 믿음이 담겨있었다. 30초반부터 열 살 미만의 자식 넷을 키우신 어머님에게는 그런 믿음이 없이는 생존 자체가 불가능했을는지 모른다. "악을 선으로 갚겠다."고 남편 살해범을 용서하여 장례식장을 가득 메운 일천여 조객의 마음을 울렸던 어머님이셨다.

어머님은 평생 화를 내거나 큰소리를 낸 적이 없으셨다. 어머님을 닮지 못한 나는 가끔 화를 내거나 큰 소리를 내고 후회를 하며 산다. 어머님은 남의 험담을 결코 않으셨으며 험담을 전해 듣는 것도 부담스러워 하셨다. 나에게도 아마 이런 면이 있다면 어머님의 유산임이 분명하다. 어머님의 육신은 한 줌 비옥한 흙이 되어버렸을 터이지만 이 땅에 남기고 가신 믿음 그리고 사랑은 어머님이 차지했던 공간들을 넘치도록 채우고도 남을 것이다.

화장실에 가면 오래 있는 나에게 "나 죽기 전엔 돌아오라." 농담을 건네시던 어머님이 보고 싶다.

석류와 선악과

"엄마, 나 저거 따도 돼?"
"안 돼! 아저씨네 이웃집 거잖아."
"아저씨네 마당으로 넘어왔는데……"
"아저씨께 여쭤봐."

엄마를 졸라대던 여덟 살 에밀리가 제발 제 간청을 거절하지 말라는 듯 애절한 눈초리로 나를 빤히 올려다보았다. 오른쪽 담을 넘어 우리 집 뒷마당으로 늘어진 가지에 대롱대롱 매달린 이웃집 석류가 탐이 났던 모양이다. 열네 개나 달렸었는데 이래저래 다 없어지고 마지막 달랑 하나 남은 석류였다. 나는 지체 없이 에밀리의 간청을 흔쾌히 들어주었다.

"엄마는 괜히 안 된다고 그래."

석류를 따서 두 손에 들고 에밀리는 시위하듯 제 엄마에게 내보이며 자랑했다. 정초 인사차 찾아온 조카가 얼굴을 찌푸린 채 석류의 주인 행세를 한 나를 향해 나무라듯 중얼댔다.

"이웃집 거라고 안 된다고 했는데……"

조카는 이웃 집 석류여서 딸 수 없다고 내가 에밀리의 간청을 당연히 거절하려니 기대했던 모양이다. 순간 내가 너무 경솔했다는 자책이 강하게 들었다. 태초에(?) 석류는 단연코 우리 것이 아니었다.

10년 전 이사를 들던 해 나는 담을 넘어온 이웃 집 석류와 첫 대면을 했다. 담에 바짝 붙어 뿌리내린 이웃 집 석류는 많은 가지들을 담 넘어 우리 집 뒷마당으로 드리웠고 그해 늦가을 '봄직도 하고 먹음직도 한' 탐스런 열매를 선보였다. 아마 예닐곱 개는 되었을 것이다.

"저거 몇 개 따다 추수 감사절 식탁 장식에 쓰면 안 될까?"

"남의 것으로 치사하게……."

"옆집에선 알지도 못할 텐데. 우리 마당으로 넘어오면 우리 거 아냐?"

"양심도 없어? 옆집 주인 허락 얻지 않고는 손 댈 생각 꿈속에서도 하지 마!"

나는 집 사람과 눈으로 보고 즐기는 것으로 만족하기로 합의를 보았다. '금단의 열매'가 된 석류들은 그해 가지에 매달린 채 껍질이 쩍 갈라지며 루비 빛 석류 알을 드러내고 시들어 천명을 다했다.

이듬해에도 석류는 변함없이 탐스런 열매를 매달고 나를 유혹했다. 나의 입은 여전히 도덕군자였으나 마음속에서는 탐심이 익어가고 있었다. 두어 개 따다 과일 바구니에 담아놓고 싶기도 했고 잘 익은 석류 알을 발라내 입안에 털어 넣고 싶은 충동도 느꼈다. 그 해 나는 가까스로 내 양심을 추슬렀고 석류는 계속 '금단의 열매'로 생을 마쳤다.

아마도 이사 뒤 네 번째 해였을 것이다. '금단의 열매'가 한낱 석류로 보이기 시작하더니 드디어 추수감사절 과일 바구니에 두 개가 올랐다. 그 해 내 양심은 초심을 까마득히 잊고 과거 목격했던 모든 사실을 눈감아 버렸다. 나는 달콤새콤한 석류 맛에 서서히 빠져들었다.

그 뒤 담 넘어온 석류는 의당 우리 집 몫이 되었다. 지난 12월에는 가장 크고 잘 익은 석류 네 개가 사라졌는데 나는 이웃을 범인으로 가차 없이 지목했다. 우리 집 석류의 존재를 눈으로 확인할 수 있는 위치는 이웃 집 이층 이외에는 없기 때문이다. 인사 정도나 하고 지내는 이웃집 여주인이 이층에서 우연히 우리 집 뒷마당으로 넘어온 석류를 보고 소유권을 행사했을 거라고 나는 믿었다.
"아니 제 아무리 저희 집 나무 가지에 달렸기로서니 어떻게 남의 집에까지 허락도 없이 들어와 따가? 도둑이 뭐 따로 있어. 치사하게."
내 입에서 이웃을 향한 불평이 거침없이 흘러나왔다. 나는 어느 새 석류의 당당한 주인이 되어 있었던 것이다.
천진난만한 에밀리의 손에 들어간 석류로 인해 나는 잠시 지난 10년을 돌아보고 흠칫 놀라지 않을 수 없었다. 석류 도둑이 어디 따로 있나? 석류는 바로 '선악과'였다.

신사적으로 합시다!

"자식들과 함께 보다 민망해서 혼났어요. 페어플레이 정신과 인과응보의 사회정의는 축구장 밖으로 쫓겨난 게 아닌가요?"

우루과이와 가나의 남아공 월드컵 8강전을 10대 자식들과 함께 TV로 지켜본 한 친지가 나에게 항의하듯 물었다. 연장전 종료 직전 우루과이의 수아레즈가 자국 골문 안으로 날아 들어오는 가나의 명백한 역전골을 두 손으로 극적으로 막아낸 고의적 반칙을 두고 하는 말이었다. 가나는 다 잡았던 4강 티켓을 결국 우루과이에게 넘겨주고 말았다.

수아레즈의 반칙에 분노한 수많은 축구 팬 못지않게 예상외로 많은 팬들이 그의 입장을 옹호했다. 퇴장 등 벌칙이 룰에 따라 투명하게 적용된 경기이기 때문에 반칙은 미워도 더 이상 어쩔 도리가 없다는 입장이다. 명백한 골을 막은 반칙을 골을 보장할 수 없는 벌칙으로 다스리는 현행 룰은 공정하지 않으므로 개정해야 한다는 주장도 있었다. 아무튼 한국이 우루과이의 입장이었다면 나도 온 국민과 함께 팔짝 뛰며 열광하지 않았을까?

골프와는 달리 격렬한 몸싸움이 잦은 축구에서 반칙이 전혀 없는 경기를 기대한다는 것은 백년하청이다. 그러나 반칙의 불가피성이 결코 반칙을 정당화 시켜주지는 않는다. 지능적, 전략적, 혹은 우발적 등 반칙 앞에 어떤 수식어를 붙여 놓아도 여전히 반칙은 반칙이다. 반칙은 페어플레이를 저해하므로 당연히 지양되어야 한다. 페어플레이란 성문화된 규칙은 물론 인간이 추구하는 가치를 지키기 위해 승리의 기회를 포기하거나 양보하는 행위이다.

반칙은 때로 경기장 밖에서 두고두고 더 혹독한 대가를 치른다. 나는 이 대가야말로 선수와 팀 그리고 국가가 진정 두려워해야할 벌칙이 아닌가 한다. 수아레즈의 핸들링은 마라도나의 '신의 손' 족보에 올라 가장 불명예스런 반칙의 하나로 어느 새 인터넷을 타고 전 세계를 돌았다. 이 처럼 만천하에 파울플레이의 오명을 남기는 것이야말로 선수들이 진정 피하고 싶은 벌칙이 아닐까?

1986년 멕시코 월드컵 영국과 아르헨티나의 8강전에서 마라도나는 그의 손과 머리가 합작한 골로 조국에 승리를 안기며 그가 명명한 '신의 손'의 시조가 되었다. 그는 전 세계 축구 팬들이 TV를 통해 다 지켜본 핸들링에 의한 골을 '신의 손'이 도와주었다며 궤변을 늘어놓았다. 신의 도움인지 그의 반칙은 심판의 눈에 띄지 않았다. 아직도 그는 반칙행위를 솔직하게 시인하지 않고 있다. 그의 '신의 손'(Hand of God) 앞에는 '악명 높은'(Infamous)이라는 단골 수식어가 항상 붙어 다닌다. 승리의 기쁨은 순간이었지만, 그의 파울 플레이와 부정직한 매너는 역사에 길이 남아 이 순간까지도 축구 천재의 명성과 아르헨티나의 이미지를 흐리고 있다. 그가 반칙만 곧 바로 시인했더라면 도덕적 시비에서는 벗어날 수 있었을 것이다. 역사적 심판이야말로 무서운 것이다.

"불공정하고 부당하게 얻은 승리는 아무런 가치가 없고, 반칙 행위는 결코 기쁨을 가져다주지 않는다."는 페어플레이 정신은 스포츠가 상업화되면서 승패에만 집착해 점차 빛을 잃어가고 있다. 그러나 선수, 팬, 체육계 그리고 스폰서가 4위 일체가 되어 페어플레이를 한 목소리로 외쳐댄다면 스포츠가 팬들에게 더 큰 기쁨을 선사함은 물론 사회에 만연한 탈법과 불법의 홍수로 부터 페어플레이를 지켜내는 방주가 될 수도 있다. 이번 2010년 남아공 월드컵 '페어플레이 상'이 우승국인 스페인에게 돌아갔다는 사실은 참으로 반가운 소식이다.

"애들아, 신사적으로 해라!" 차남인 내가 대여섯 살 때, 두 살 터울의 세 아들을 모아 이불 위에서 레슬링 시합(?)을 붙여놓고 심판을 보시며 선친이 하시던 말씀이 생각난다. 일본 메이지 대학 유학 시절 대학 대표선수로 활약하며 일본 전국 레슬링 선수권대회 챔피언을 지낸 선친(황병관)은 일제 식민통치에서 해방된 대한민국이 태극 마크를 달고 처음 참가했던 1948년 14회 런던 올림픽에 레슬링 웰터급 선수로 출전, 5위에 입상했다.

나는 페어플레이라는 단어는 몰랐어도 선친의 알기 쉬운 설명 덕분에 '신사적'이라는 낱말의 의미를 잘 깨치고 있었다. 조무래기들도 운동시합이나 놀이를 하면서 자주 들먹이던 말이 "신사적으로 해."였다. 싸움을 할 때도 사내답지 않게 상대를 손톱으로 할퀴는 따위의 짓은 신사적이 아닌 부끄러운 행위였다. '치사하다'는 말이 가장 듣기 싫었다. '신사적'은 '공정하게'와 동의어였다. 페어플레이는 신사도와 통한다.

아버지의 런던 올림픽

　아버지가 집 떠나기 전날, 엄마는 여행 가방에 아버지의 여름옷을 차곡차곡 챙겨 넣고 한복판에 볶음고추장과 마늘장아찌가 든 병을 조심스레 집어넣었다. 아버지는 두 달 남짓 멀고 먼 '런던'에 다녀온다고 했다. 다섯 살의 나는 아버지가 레슬링 시합을 하러 왜 '런던'까지 가야 하는지 잘 알지 못했다.
　아버지(황병관)가 레슬링 웰터급 선수로 출전했던 1948년 14회 런던 올림픽. 일제 식민통치에서 해방된 대한민국이 태극기를 앞세우고 참가한 첫 올림픽이었다. 지금은 서울에서 비행기로 12시간 거리지만 당시 런던 행은 기차, 배와 비행기를 갈아타고 9개국 12도시를 경유하며 20일이나 걸린 고행 길이었다. 서울역을 떠나 부산에서 배로 일본 후쿠오카로 건너간 선수단은 요코하마에서 배편으로 상하이를 거쳐 도착한 홍콩에서 마침내 유럽행 비행기에 올랐다. 기착지인 방콕, 콜카타, 봄베이(현 뭄바이), 바그다드, 카이로와 로마를 거친 비행기는 닷새 만에 종착지 암스테르담에다 선수단을 내려놓았고 런던행 비행기로 환승한 선수단은 힘난한 긴 여정 끝에 마침내 런던 땅을 밟았다. 나는 부모님과 페더급 선수 겸 레슬링 감독으로 참가했던 김극환 씨로부터 첫 올림픽에 얽힌 흥미진진한 이야기를 많이 들었다. 김극환 씨는 선친과 일본 메이지 대학 동문으로 대학 레슬링 팀 주전멤버로 활약했으며 뒤에 대한 레슬링 협회 회장을 지냈다.

아버지의 런던 행은 서울을 출발할 때부터 시작된 어금니의 통증이 심해지며 고행길이 되었다. 선수단과 런던에 도착한 아버지는 선수촌으로 지정된 런던 교외의 초등학교 교실에 김 감독과 같은 방을 배정받고 여장을 풀었다. 긴 여행에 지친 선수들이 휴식을 취하거나 잠에 떨어진 사이 아버지는 선수촌을 슬그머니 빠져나왔다. 견딜 수 없는 치통으로 여독마저 잊은 채 치과를 찾아 이국 땅 낯선 길거리로 나선 것이다.

아버지는 선수촌 앞에서 지나가는 버스에 대고 '런던'을 외쳐댔다. 버스 한 대가 섰고 아버지는 주저 없이 올라탔다. 번화한 거리가 나오자 무작정 내린 아버지는 행인을 붙들고 몇 마디 영어 단어와 몸짓으로 대화를 시도했다. 아버지는 운 좋게 치과병원으로 안내되었다.

아버지는 'tooth'와 'pain' 두 단어를 써서 치과의사에게 보인 뒤 엄지와 검지로 이를 뽑는 시늉을 하고 진찰대에 벌렁 누워버렸다. 치과의사는 몇 마디 중얼대다가 아버지의 어금니를 뽑아내고 간단한 치료를 해주었다. 치료비 계산은 쉽게 해결했다. 아버지는 소지한 영국 지폐와 주화를 두 손바닥 위에 내놓았고 의사는 알아서 치료비를 챙겼다.

아버지는 교통경찰에게 도움을 청해 차를 얻어 타고 선수촌으로 무사히 귀환할 수 있었다. 배짱과 기지로 엮인 아버지의 모험담(?)은 팀 동료의 실종으로 안절부절못하고 있던 김 감독에 의해 삽시간에 선수촌 안에 퍼져 큰 화젯거리가 되었다. 아버지와 가까운 선수들은 영어도 유전되느냐며 아버지를 놀렸는데, 이는 할아버지(황욱)가 일본 릿교 대학에서 영문학을 전공한 영문학자였기 때문이었다. 아버지는 영어를 몰라 외출을 꺼리던 선수들이 용기를 얻어 런던 거리를 활보토록 하는데 크게 기여 했다.

어금니를 빼고 경기에 임한 아버지는 4회전까지 진출, 레슬링 첫 메달에의 꿈을 크게 키웠으나 당시 웰터급 세계 최강자로 알려진 터키의 야사도구와의 4회전 경기에서 심판의 오심에 의한 실점으로 근소한 차로 판정패해 5위에 머물렀다. 야사도구는 웰터급에서 우승, 금메달을 목에 걸었다. 부당한 판정에 이의를 제기한 한국선수단은 소송비 10파운드를 내고 상소위원회에 판정을 뒤집어 줄 것을 정식으로 제소했다. 심의 결과 상소위원회는 명백한 오심을 인정해 심판의 자격정지를 결정했으나 판정을 뒤집지는 않았다. 일제 강점기 메이지 대학 유학 시절 전 일본 레슬링 챔피언과 동아시아 챔피언에 올라 조선인의 자존감과 위상을 높였고 조선 유학생들이 어깨를 활짝 펴고 캠퍼스를 활보케 했던 선친이 올림픽에 참가한 때는 세 아들을 둔 29세 가장일 때였다.

선친은 조부로부터 물려받은 적잖은 재산을 들여가며 평양을 비롯해 대도시 번화가에 가설 링을 설치해서 시민들에게 레슬링 시범을 보여주는 등 레슬링을 조국 대한민국에 보급하는데 온 열정을 쏟았다. 6·25전쟁 중에도 피난지 부산에서 정부 관계자를 설득하여 도장을 마련하고 피난 나온 젊은 레슬러들을 규합, 조직적인 훈련을 시켜 전쟁 중인 1952년에 열렸던 15회 헬싱키 올림픽에 대비토록 했었다. 14회 런던 올림픽 이래 대한민국에 대망의 올림픽 금메달을 최초로 안긴 종목이 레슬링이라는 사실은 결코 우연의 결실은 아니었다. 레슬링 페터급의 양정모 선수는 1976년 21회 몬트리올 올림픽에서 대한민국 최초의 금메달을 따냈다. 비록 33세의 짧은 삶을 사셨지만 선친은 '한국 레슬링의 대부'로 이름을 남겼다.

64년 만인 2012년 다시 런던에서 개최된 30회 런던 올림픽에 참가한 대한민국 선수단을 보며 격세지감과 아울러 깊은 감회를 아니 느낄 수가 없다. 한국 선수단의 선전을 기원하고 최선을 다한 패자에게도 힘찬 박수를 보낸다.

아빠! 알았어?

달빛 찬란한 한여름 밤.
아들 유리를 마지막으로 가족이 모두 잠자리에 든 것을 확인한 뒤 나는 살그머니 문을 열고 뒷마당에 나갔다. 담배 한 대 생각이 나서였다.
"빌어먹을, 담배 한 대 떳떳이 내놓고 피우지 못하는 신세가 됐군."
기구한(?) 팔자타령을 하며 입에 문 담배에 불을 댕겼다. 오늘따라 담배 맛이 씁쓰름한 것은 담배 탓만은 아닌 듯싶었다.
"끊기는 또 끊어야겠는데……."
3년 남짓 용케 끊었던 담배였다. 입에 다시 물기 시작한지 3개월 남짓. 직장에서 한두 개피 슬금슬금 동냥해 피우던 담배 맛이 서서히 옛 맛을 되찾아 가면서 흡연량이 부쩍 늘어나 동냥을 끊고 아예 담배를 사서 피우기 시작하기에 이르렀다. 금연 삼수 만에 드디어 해냈구나 하는 자부심이 대단했었는데 그야말로 '3년 금연 도로아미타불'이 되고만 것이다.
불혹의 고비도 이제 넘겼는데 담배의 유혹 하나 떨쳐내지 못했으니 한심스럽기 그지없다.
"의지가 그렇게 약해서야……." 이건 금연에 실패한 아들의 건강을 염려하는 어머님의 답답한 심정이다.
"유리 아빠는 집사 안수 받고 담배 딱 끊었다."

이건 상황판단에 어두운 순진무구한 아내가 그저 남편을 굳게 믿고 여전히 해대는 선전이다. 그렇다고 금연 결행을 만천하에 선포해 놓고 이제 와서 금연에 실패했노라고 이실직고하며 다니는 것도 나잇값에 비춰 여간 멋쩍고 낯 뜨거운 노릇이 아닐 수 없다.

그래서 교인이나 친지들에게는 금연전선에 이상이 없는 척 시치미를 떼고 있지만 담배를 피우면서 안 피우는 척 행세한다는 게 그리 수월한 연기는 아니다. 특히 예배나 집회에 나갈 때에는 몸이나 옷에 배어 있을 담배 냄새를 떨어내기 위해 샤워에 양치질은 필수요 옷도 교회용 복장으로 갈아입는다. 그리고 입안에 배어있는 담배 냄새를 잡기 위해 향이 짙은 껌을 부지런히 씹어대야 한다. 집사 신분에 크리스천의 향기 대신 담배냄새나 풀풀 풍겨댈 수는 없는 일이다. 아마 내가 담배를 피우는 줄 알면 이른바 '시험에 드는' 교인들도 있을 것이다. 하나님 보시기에는 어떨까?

그러나 무엇보다 흡연 때마다 나의 마음을 짓누르는 것은 초등학교 (primary school) 6학년인 아들 녀석에 대한 죄책감이다. 내가 금연의 결단을 내렸던 동기도 다분히 녀석의 압력과 감시 때문이었다 해도 과언이 아니다.

"아빠, 해롭다는 담배 왜 못 끊어?" 녀석이 끈질기게 물어올 때마다 "알았어." 하고 긴성으로 대답하며 어물어물 때우고 넘어가곤 했는데 이러다가는 애비의 권위가 치명적 손상을 입을 때가 있겠다는 우려가 서서히 싹트기 시작했다.

이 같은 우려는 3년여 전 어느 날 밤 금연을 전격적으로 실행에 옮기는 결정적 동기가 되었다. 다음 날 애비의 금연 소식을 접한 아들 녀석은 "아빠, 참 잘 했어!" 하며 애비의 등을 두드려주며 기뻐했고 한동안 애비를 자랑스레 여기는 눈치였다. 그런데 금연전선에 이상이 생기고 말았으니······. 다시 담배를 입에 문 나약한 애비의 모습을 죽어도 자식에게 보이고 싶지 않으니 도둑 담배를 피우는 도리밖에 뾰족한 방법이 있을 리 없다. 녀석의 눈을 피한다고는 하지만 녀석은 이미 애비의 금연 실패에 대한 심증을 굳힌 듯싶었다.

가끔 내 옷에 코를 대고 개처럼 킁킁 냄새를 맡아가며 "아빠, 담배 피웠어?"하고 문초를 하는가 하면, "아빠, 아~ 하고 입 벌려 봐." 하고는 코를 내 입안에 들이밀고 벌름대며 냄새를 추적하기도 하는 것이었다. 녀석의 관용으로 몇 차례 위기를 용케 넘겼지만 흡연 장면을 들키지 않은 것만이 불행 중 다행이랄까?

"끊어야 해." 중얼대며 손끝까지 타들어오는 담배를 입에 물고 빨아대는 순간, 돌연 등 뒤에서 들려오는 소리가 있었다.

"아빠! 담배 피우지?" 아들이었다. 흡연 현장을 덮치기 위해 잠자리를 몰래 빠져나와 나의 동태를 숨어 엿보고 있었음에 틀림없었다. 나는 할 말을 잃었다. 현행범인데 무슨 변명이 통하겠는가? 애비의 범행(?)을 눈으로 확인한 녀석은 영어로 담배의 해독에 관한 훈시를 늘어놓기 시작했다. 자신이 알고 있는 담배 해독에 관한 정보를 총동원하는 듯싶었다. 한바탕 훈시를 마친 아들은 단호한 목소리로 말했다.

"아빠! 알았어? 담배 피우지 마!"

나는 풀이 죽어 기어드는 목소리로 대답했다. "알았어."

달빛도 처량한 한여름 밤이었다.

(1993 경복고 남가주 동창회보)

잊지 못할 호의

사노라면 호의를 베풀 때도 있고 받을 때도 있다. 베푼 호의는 물에 새겨도 입은 호의는 잊지 않고 제때 베푼 상대에게 감사를 표해야 마음이 홀가분해진다. 조건 없는 순수한 호의를 받았더라도 감사의 말 한마디 않고 어물쩍 넘어간다면 예의나 염치가 없다는 부정적 인상을 남길 수도 있다. 그런데 5년이 지나도록 감사의 말 한마디 전하지 못한 채 마음 속 깊이 간직하고만 있는 호의가 있다.

그날 나는 한인 운영 바비큐 식당에서 아내와 푸짐한 저녁식사를 마치고 담당 웨이트리스에게 계산서를 달라고 요청했다. 그런데 담당 웨이트리스는 배시시 웃으며 그냥 가라는 것이다. '손님에게 별스런 농담도 다하네.' 중얼대며 나는 그녀에게 정색을 하고 재차 계산서를 요청했다. 그녀는 심각한 나의 얼굴 표정과 어조에도 아랑곳 않고 계속 생글거리며 입을 열었다.

"이미 계산이 끝났으니 그냥 가시면 됩니다."

나는 그녀가 무슨 영문 모를 농담을 계속 지껄여대는지 영 감을 잡을 수가 없었다.

"오늘 식당 손님들에게 무료 식사라도 제공한다는 말입니까? 아니면 당신이 우리 식사비를 대납이라도 하겠다는 거요?"

그녀가 상냥하게 대답했다.

"먼저 떠난 옆 테이블의 미국 친구가 식사비에 팁까지 다 계산하고 갔는걸요."

 음식값 50여 달러에 세금과 팁을 얹으면 60달러를 족히 넘을 적잖은 식사비였다.
 "친구라니?"
 내가 고개를 크게 가로저으며 반문하자 그녀도 예상 밖으로 전개되는 사연이 매우 흥미로운 모양이었다.
 "아니, 그를 정말 모르세요? 식사비를 대신 내줄 정도로 친밀한 사이인줄 알았는데."
 이번엔 그녀가 고개를 갸우뚱거리며 이해할 수 없다는 표정을 지었다.
 우리 부부가 안내된 테이블 옆 자리에는 부부로 보이는 40대 초반의 백인 커플이 조용히 식사를 하고 있었다. 워낙 소문난 식당이어서 많은 타인종 손님들이 먹고 마시며 떠들썩한 분위기였다.
 마침 아내가 떡볶이를 주문했는데 매콤달콤한 맛이 아주 그만이었다. 아내가 옆 자리 백인 커플에게 말을 건넸다.
 "이거 한국 고유 음식인데 맛보고 입에 맞으면 더 시켜 드세요."
 아내가 떡볶이 두 개를 건넸고 맛을 본 백인 커플이 엄지를 치켜세우며 맛있다는 인사를 전해왔다. 내가 간단히 떡볶이에 대한 설명을 곁들였다. 그들은 떡볶이를 주문해 맛있게 나눠먹으며 담소를 하다 자리를 뜰 때 정중하게 우리에게 작별인사를 했다.
 "요즘 미국 젊은이치고는 예의가 무척 바르네." 그러고는 그들을 곧 잊었는데 우리 부부 식사비를 대신 지불해 주었다니 상상도 못할 일이었다.
 식당을 나선 아내와 나는 백인 커플이 베푼 뜻밖의 호의를 화제로 대화를 이어갔다. 대화의 초점은 "왜 그들이 우리 식사비를 내줬을까?"에 맞춰졌다.

아내와 나는 상상의 날개를 펼쳐가며 추론을 하기 시작했다.

작은 인연도 소중히 여기는 착한 심성의 젊은이가 베푼 깜짝 선물일까? 혹은 떡볶이를 건네며 잠시 대화를 나눈 우리 부부의 호의에 대한 답례인가? 아니면 황혼녘 부부가 서로 음식을 집어 건네주며 다정하게 식사 하는 모습을 흐뭇하게 지켜보고, 돈 주고 배울 수 없는 인생학습에 기꺼이 내놓은 후원금인가?

아내는 식사 때면 집에서나 식당에서나 음식을 집어주기를 잘 하는 편이다. 그 날도 불판에 고기를 구우며 익은 고기를 부지런히 집어 내 접시에 옮겨놓고는 했는데 그의 눈에 퍽 인상적으로 비쳤던 게 아니었을까?

"그렇다고 우리 식사비를 대납해?"

우리 부부의 언행 가운데 그의 마음을 움직여 식사비를 내도록 만든 무언가가 있음직한데 그 것이 딱히 무엇인지 콕 찍어 낼 수가 없었다. 설사 찍어냈다 하더라도 본인에게 확인해 보기 전에는 추측에 불과할 뿐이다.

그런데 나를 집요하게 한 추측에 매달리게 만든 사연이 있었다. 그것은 아침에 아내와 한바탕 벌인 언쟁이었다. 부부싸움으로 인한 열기가 채 식지도 않았고 또한 그로인해 냉랭해진 마음이 채 녹지도 않은 상태에서 저녁 시간을 맞아 서로 화를 누르고 전날 계획했던 외식을 나온 터여서 차 안에서 말도 별로 나누지 않은 채 식당 안으로 들어섰었다. 그런데 식사를 하면서 닫혔던 마음이 열리고 대화의 물꼬가 트이기 시작했던 것이다. 이런 사연을 옆자리 커플이 어찌 알 수 있었으랴.

옆 자리 백인 커플도 한바탕 싸움을 벌이고 냉전 중에 식당을 찾은 건 아니었을까? 음식을 집어 건네주며 다정스레 식사를 하는 나이 지긋한 동양 부부의 모습을 묵묵히 지켜보며 부부싸움으로 얼어붙었던 감정이 누그러진 건 아니었나? 마침 아내가 그들에게 떡볶이를 권하고 또 내가 끼어들면서 자연스레 부부의 말문도 열리게 되지 않았을까?

그들은 떡볶이를 주문하여 서로 권하며 소곤소곤 다정스레 대화를 나누었고 식사를 마치고 나갈 때에는 밝은 표정으로 우리에게 고맙다고 인사까지 하고 자리를 뜨지 않았던가?

상상의 날개를 더 펼쳐 식당을 나서며 나누는 그들 부부의 대화도 살짝 엿들어 보았다.

"오늘 그 곳에 가서 외식하길 백번 잘 했네. 그 한인 부부 덕분에 우리 마음 속 응어리 다 풀렸지. 우리가 화해 기념으로 그들에게 식사대접 할만 했어! 안 그래?"

아! 그런데 상상의 날개를 한창 펼치고 있는 중에 '사돈 남 말한다.'는 속담이 불쑥 끼어들었다. 우리 부부 화해기념으로 정작 감사의 말을 전해야할 상대는 바로 백인 커플이 아니었을까! 그들이야말로 우리 부부의 화해를 위해 하나님이 우리 옆자리에 예비해 두셨던 '선한 사마리아인'이 아니었을까? 우리 부부는 언제 부부싸움을 했냐는 듯 까맣게 잊고 호의를 베풀고 말없이 사라진 낯선 백인 커플을 화제로 화기애애하게 대화를 이어나가고 있었다.

그 젊은 부부의 대화가 환청처럼 내 귀에 들려왔다.

"테이블에 앉아서도 처음엔 두 부부가 별로 말도 않고 얼굴 표정이 아주 어둡고 굳었었지. 심히 다투고 난 뒤의 표정 같았어. 그런데 곧 냉랭했던 분위기가 풀리고 서로 음식을 집어 건네주는 다정한 모습이 보기에 아주 흐뭇했어. 지갑을 열어 그들 식사비를 흔쾌히 지불하고 싶었지. 그들 부부 화해 기념으로 그들의 식사비를 대납할 충분한 이

유가 있었지. 안 그래?"

그저 베풀고 싶어서 조건 없이 베푼 순수한 호의에 대해 어떤 연유로 호의를 베풀었는지 요리조리 캐보고 따져보았자 무엇하리. 내 마음속 깊이 새겨진 호의는 5년이 아니라 평생토록 내 마음을 따뜻하고 포근하게 감싸주리라.

제 2 부
특집 '야인시대 선친 황병관'

선친 황병관이 메이지 대학 유학 시절 전 일본 아마추어 레슬링 챔피언에 오른 기념으로 찍은 사진을 대한레슬링협회와 제자들의 협찬으로 실물 크기로 확대하여 그린 유화 초상화. 이 초상화는 대한민국 레슬링 국가대표 선수의 산실인 한국체육관 도장 입구에 안치되어 레슬링의 대부 황병관을 추모했다.

특집

특집 '야인시대 선친 황병관'

◆ '야인시대' 주먹으로 환생한 레슬러 황병관

"나와 네가 살아있는 동안 아버님의 명예를 회복시켜드려야 하지 않겠니? 주변 친척과 친지들도 '자식들이 왜 조용히 앉아만 있느냐'며 우리를 원망해. 아무런 근거가 없는 허황된 스토리를 대하고도 침묵하는 것은 암묵적 동의를 뜻하거나 맞설 용기나 자신이 없다는 증거야. 이젠 시간도 별로 없어."

서울의 형은 나와 최근 나눈 전화통화에서 고조된 감정을 삭여가며 조급한 마음을 내비쳤다. 형과 아버님의 명예 회복을 위해 대책을 논하며 울분을 토하다 보니 형은 이미 팔순을 넘겼고 나도 팔순을 눈앞에 바라보게 되었다. 어느새 무심한 세월은 20년을 훌쩍 넘어 흘러버렸다.

1952년 선친이 6·25전쟁 중 피난지 부산에서 세상을 떠난 지 반세기만인 2002년, 자식들에게조차 잊혀가던 선친은 시청자들의 이목을 끌어모으며 생전과 전혀 다른 새로운 모습으로 브라운관에 깜짝 등장했다. 환생하신 선친은 생전엔 상상조차 못했을 희한한 장면들을 주저 없이 주어진 각본에 따라 생판 모르는 시청자들 앞에서 신명나게 펼쳐 보이기 시작했다. 2000년대 가장 성공적인 드라마의 하나로 꼽힌다는 SBS TV 대하 역사드라마 '야인시대'에 선친 황병관이 자식들도 모르게 전격 출연한 것이다.

'인간 김두한'의 주먹신화와 당시 주먹세계를 그린 '야인시대'의 인기는 가히 폭발적이었다. '야인시대'의 주먹들은 더러 가명으로 등장하기도 했지만 대부분 주먹세계의 내로라하는 실존 주먹들이다. 황병관은 드라마가 회를 거듭할수록 나름 개성 있는 엘리트주먹으로 이미지를 다졌으나 그는 다만 선친의 이름을 차용한 허구의 주먹으로 시청자들에게 다가갔다. 그는 더 이상 나의 선친이 아니었다.

등장인물의 실존 또는 생존 여부나 극중 장면의 역사적 사실 여부와 무관하게 시청자들은 화면을 가득 채우는 화끈한 액션과 박진감 넘치는 주먹세계에 빠져들었고 큰 체구의 레슬러 황병관이 뿜어내는 괴력에 환호했다. 선친은 시청자들의 입과 인터넷을 타고 삽시간에 전국적으로 유명세를 타기 시작했다. 이제는 선친의 이름을 대면 마주한 인들도 대번에 "아, 야인시대 레슬러 주먹!" 하며 눈을 크게 뜨고 나를 다시 쳐다본다. 나는 어느새 '야인시대' 주먹의 아들로 거듭나 있었다. 인기 드라마에 출연한 선친을 알아본다면 응당 어깨가 으쓱거려지고 기분이 한껏 우쭐해져야 할 노릇인데 나는 치미는 분노를 억제하며 울적하고 착잡한 기분에 휩싸이고 만다. 제아무리 의리와 명분, 명예와 공개성을 앞세운 고전적 주먹세계의 당당한 사나이들의 결투가 스릴 만점이라 하더라도 주먹이 정당성을 인정받고 칭송받을만한 경우가 얼마나 있겠는가?

시청자들은 선친을 '아시아 레슬링 챔피언 주먹', '명동파 두목 이화룡의 오른팔' 등으로 부른다. 시청자들에게는 박진감 넘치는 결투 장면이나 주먹 세기의 서열 따위에 관심이 있을 뿐 레슬링 챔피언은 선친의 이름에 사족처럼 붙어 다니는 수식어에 불과하다. 선친의 이미지는 '명동파 레슬링 주먹'으로 굳어버렸다. 그게 어찌 시청자들을 나무랄 일이겠는가? 공중파 TV 방송의 파급력과 영향력은 참으로 막강한 것이다.

어쩌다 선친이 '야인시대' 주먹세계에 주먹으로 명함을 내밀게 되었는지 알다가도 모를 노릇이다. 주먹세계에서 논다면 당연히 주먹이 생계를 보장해야 한다. 주먹이 곧 직업이니까. 본업이 있는데 취미나 심심풀이로 주먹세계를 놀이터 정도로 여기는 아마추어 주먹은 '야인시대'에 감히 명함을 내밀지 못할 것이다. 제작진이 출연주먹을 선정할 때 면접이나 서류심사 등 엄정한 절차를 거쳐 주먹들의 직업 유무를 확인해 보고 주먹 이외 뚜렷한 직업을 갖고 있는 주먹을 자격 미달로 탈락시켰는지는 알 길이 없으나 프로 주먹이라면 주먹으로 먹고산다고 봐야 할 것이다. 주먹세계 주먹과 개인적 친교나 친분이 있다고 주먹세계에서 논다고 볼 수는 없다.

그런데 주먹 출연자를 공개모집 한 사실도 없으니 출연 의사를 사전 타진해 보고 등장인물을 선정했을리도 만무하다. 아마도 작가나 제작사가 주인공 김두한과의 역학 관계를 고려해 당대의 주먹들을 걸러 일방적으로 출연 여부를 결정한 것으로 보인다. 만약 평생 온 열정을 쏟았던 천직처럼 여긴 직업이 있었던 인물을 주먹이 세다고 소문난 탓으로 본인도 모르게 주먹으로 발탁해서 무대에 세우는 만용을 부렸다면 이거야말로 당당한 주먹세계가 경계하는 주먹의 폭력성을 능가하는 무자비하고 무책임한 폭력 행위가 아닐까 한다. 맡길만한 합당한 배역이 없는 '야인시대'에 선친은 캐스팅 당했다.

◆ '한국 레슬링의 대부'가 '야인시대' 주먹?

선친은 일제 강점기 일본 메이지(명치) 대학 유학 중 아마추어 레슬링에 입문하여 전 일본 레슬링 챔피언에 오르며 나라 잃은 식민지 조선

민족의 자존감과 위상을 높이고 민족의식을 일깨웠다. 일제 강점기 스포츠는 조선인이 일본인을 제압하는 통쾌한 장면을 공개된 자리에서 보여줄 수 있는 절호의 기회를 제공했다. 젊은 조선 스포츠맨들이 피나는 노력과 땀으로 일군 강인한 정신력은 국권 회복에 필요한 용기와 힘의 밑거름이 되었다. 레슬링 챔피언으로 한창 이름을 날릴 때 일본 내에서도 널리 알려져 동경 시내 번화가 신주쿠에 나가면 일본 건달들이 "저기 '메이지 노 고'('메이지의 황'. '고'는 황의 일본식 발음) 온다."고 숙덕대며 길을 비켜주었다고 한다.

귀국 후 고국에 레슬링을 널리 보급하는데 헌신하고 6·25전쟁의 와중에도 레슬링의 명맥이 끊어지지 않도록 후진 양성에 온 열정을 바치다 피난지 부산에서 33세로 요절한 선친은 '한국 레슬링의 대부'로 불렸다. 선친은 일본 식민통치로부터 해방 뒤 신생독립국 대한민국이 정부 수립 전 최초로 태극기를 앞세우고 참가한 제14회 런던 올림픽에 레슬링 웰터급 선수로 참석하여 5위에 입상한 스포츠맨이었다.

'야인시대'를 시청한 친인척들과 선친의 친지들은 레슬링을 조국에 심고 가꾸기 위해 짧은 생애를 다 바쳐 '한국 레슬링의 대부'란 명성을 얻은 전설적 국보급 스포츠맨이 하루아침에 '야인시대 주먹'으로 전락한 모습에 당혹감을 감추지 못하고 망연자실했다. 스포츠맨 개인의 명예와 함께 한국 레슬링계 나아가 체육계의 명예가 훼손당했기 때문이다. 국제대회에서 세계적 선수들과 겨루고 후진 양성에 평생을 바친 전문 체육인을 주먹세계에서 먹고 사는 주먹으로 브라운관에 등장시키다니 자식들의 심정 또한 오죽했겠는가? 케이블 방송, 유튜브나 인터넷 등을 통해 선친과 대면한 직계 손자, 손녀 등 후손들의 반응도 크게 다를 바 없었다. 모친이 '야인시대' 방영 전인 1998년 고인이 된 것은 그나마 천만다행이 아닐 수 없다.

◆ 허구에 훼손된 선친 황병관의 명예

  역사 드라마도 시청률과 직결된 재미와 흥행성이 중시되므로 허구와 상상력의 도움을 빌지 않을 수 없겠으나 과장과 왜곡의 정도가 지나치면 역사적 진실을 짓밟고 실존 등장인물의 명예를 훼손하게 된다. 그 실존인물이 이미 세상을 등졌다면 죽은 자를 다시 죽이는 꼴이 된다. SBS는 '야인시대'(극본: 이환경) 기획 의도에서 김두한을 야인의 대명사로 협객과 건달을 오간 한국의 역사가 낳은 비운의 인물이자 희생자로 정의하고 그가 살았던 시대의 진실을 새로운 시각으로 조명해 보이겠다고 야심찬 계획을 밝혔다. 그런데 선친 황병관의 역사적 진실이 허구와 상상력으로 꾸며낸 '야인시대'에 의해 참담히 짓밟혀지고 명예가 훼손되어 선친은 물론 후손들마저 '야인시대'가 낳은 비운의 인물이자 희생자가 되고 말았으니 참으로 어처구니없는 비극이 아닐 수 없다. 선친이 '야인시대' 주먹으로 캐스팅 당한 자체가 바로 비극이었다.

  역사 드라마가 그렇듯 '야인시대'도 그 인기 못지않게 역사 왜곡 및 고증 오류로 숱한 논란을 불러왔다. 작가와 제작사가 고인이 된 등장인물의 유족들에 의해 명예훼손 소송을 당했는가 하면 '제주4·3사건' 왜곡으로 거센 항의에 휩쓸리기도 했다. '야인시대'의 역사적 진위 여부를 객관적 자료나 증언에 근거해 일일이 입증하기는 쉽지 않다. 왜곡 당사자와 그 피해자가 사망하고 증인들마저 사라진 경우라면 교차검증이 불가능하고 증거자료와 증언 확보는 한층 더 어려워진다. 그래서 '야인시대' 줄거리의 원전인 무협지 같은 김두한 회고록과 1969년 10월 14일부터 이듬해 1월 29일까지 84회에 걸쳐 방송된 동아방송 대담프로(노변야화)의 김두한 육성회고록의 허구 여부나 이 같은 회고록을 토대로 표현의 자유란 법적 보호망 안에서 허구와 상상력을 더 가미해 새롭게 탄생시킨 '야인시대'에 나타난 사실의 진위 여부를 일일이 검증해낸다는 것은 힘겨운 작업이다. 어렵사리 찾아낸 왜곡된 역사적 사실도 역사적 사실의 재조명 혹은 재해석이라는 그럴듯한 이름하에 '표현의 자유'로 간주되어 명예훼손에 우선해 법적보호를 받을 개연성마저 있다.

역사적 인물의 자서전이나 회고록이라면 실수와 실패나 패배를 숨김없이 진솔하게 밝혀야 후세에 소중한 교훈이 될 수 있다. 실수와 실패나 패배를 수치로 여기는 소인배들은 결코 할 수 없는 일이다. 실패와 패배를 딛고 실수를 거울삼아 성장하는 그릇이 큰 인물에게나 가능하다. 자신의 허물을 미화시키고 자화자찬의 선전도구로 쓰인 자서전이나 회고록은 휴지나 다름없다.

이미 매스컴과 관련 전문가들은 김두한 회고록이 '과장과 허풍, 미화와 윤색으로 가득 찬 회고록 자체가 스스로 허점과 모순을 드러낸 허구 위에 세워진 주먹 신화'(한국일보 특별기획 시리즈 - 플래시백 한국영화 100년)라고 신랄하게 비판하고 있다. 김두한이 술집에서 일본 헌병들을 두들겨 패고 황병관을 구해줬다는 일화도 허구라고 진단한다. 그런 픽션에 가까운 회고록을 토대로 명성 있는 사극 드라마 작가인 이환경 씨가 '김두한 짝사랑을 드라마로 고백'(동아일보 인터뷰) 하듯 '야인시대'를 엮어냈다고 한다. 한번 짝사랑에 빠지면 상대의 허물이나 약점은 눈에 제대로 보이지 않게 마련이다.

작가는 드라마의 완성도를 높이기 위해 당시 주요인물을 다룬 논문 50여 편을 열심히 공부했다는데 주요인물 가운데 황병관이나 주먹들도 끼어있었는지 자못 궁금하다. 한국사회체육학회지(제54호)에 실린 인천대학교 조준호 교수의 〈황병관의 1948년 런던 올림픽 참가기〉란

논문이 '야인시대' 방영 전에 발표되었더라면 작가가 입수해서 황병관에 관해 공부할 수도 있었을 터인데 아쉽다. 등장인물 자료 검색에 성의를 갖고 조금만 더 시간을 할애했더라면 국민체육진흥공단 발간 '레슬링 풍운록'에 수록된 황병관의 일대기와 수제자 이상균의 회고록도 읽어볼 수 있지 않았을까? 작가가 '레슬링 풍운록'을 읽어보았더라면 황병관을 '야인시대'에 '주먹'으로 출연시키려던 애초 계획을 미련 없이 포기했으리라 믿는다. 작가에게 주먹들은 드라마를 이끌어나가는데 필요한 간판 같은 존재일 뿐 공부할 가치가 있는 주요인물은 아니었을 것이다.

의도성이 없었다고 해더라도 회고록 등장 실존인물의 이미지나 명예에 치명적 손상을 입혔다면 미필적 고의에 의한 행위의 책임을 면하기 어렵다. 허구와 상상력으로 실존인물을 작가나 시청자의 기호에 맞게 새로이 빚어냈다면 그것은 막강한 힘을 가진 작가와 제작사의 오만과 독선의 산물이요 횡포일 따름이다.

◆ 허구 속에 묻힌 진실 규명과 선친의 명예회복

이제 선친이 세상을 떠난 지 71년, 김두한 씨도 고인이 된지 반세기가 흘렀고 황병관의 후손에게 한을 안겨준 '야인시대'가 지나간 지도 20년 남짓 흘렀다. 세월이 흐르면 잊힐 법도 한데 '야인시대'는 요즘도 추억의 드라마로 적잖은 인기를 누리고 있고 인터넷에는 여전히 '야인시대' 주먹들의 관련 영상이나 댓글 등 갖가지 정보가 흘러넘치고 있다. 대한민국 체육사 속에서 고이 잠들었던 선친 황병관은 오늘도 인터넷 세상 속에서 '야인시대 주먹'으로 살아 계신다.

늦게나마 내가 펜을 굳게 잡은 것은 소홀히 여겼던 선친의 명예 회복을 위해 죽기 전에 반드시 자식 된 도리를 다해야겠다는 때늦은 각성과 함께 허위, 왜곡, 과장, 루머에 의해 진실을 오도당한 시청자들에게 살아있는 진실을 반드시 보여주어야겠다는 사명감이 크게 작용한 때문이다. 또한 작가나 제작사 측에는 고인이 된 실존 인물을 다룰 경우 흥행에 눈이 어두워 고증은커녕 터무니없는 스토리나 꾸며내 그 후손이 평생 한을 품지 않도록 경각심을 일깨워주고도 싶었다. 부끄러운 고백이지만 방영이 끝난 '야인시대'는 이미 엎질러진 물인데 시간이 흐르면 모두 잦아들어 잠잠해질 것이라는 안일한 생각에 젖어 세월을 보냈다. 뒤늦게 나는 한국의 형이 왜 그토록 울분을 토해가며 선친의 명예 회복을 강조하는 이유를 백분 이해하고 공감하게 되었다.

명예훼손은 형법으로 다스려지는데 고인에 대한 명예훼손죄는 허위 사실을 적시한 경우에만 성립된다고 한다. 이제 냉정하고 차분한 자세로 선친의 훼손된 명예에 이성적으로 접근해서 짓밟혀 숨이 멎은 공의와 정의를 되살려 사회에 돌려보내고 싶다. '야인시대'에 의해 선친의 명예가 훼손되었다면 허위 사실을 구체적으로 적시하고 그 사실이 허위임을 입증해야 한다. 나는 선친이 열정을 다해 짧은 한평생을 바친 세상 혹은 세계는 대한민국의 레슬링계와 체육계이지 주먹세계가 아니며 '야인시대' 선친의 결투 장면 등도 허구임을 하나하나 입증해 보겠다. 한마디로 '야인시대'에 등장한 황병관은 대한민국 체육사에 기록된 황병관이 아니요, 나의 선친 황병관이 아니라는 사실이다.

우선 선친이 제왕적 주먹들의 들러리로 등장해 반짝 스포트라이트를 받은 세 차례의 결투 장면들이 왜 허구인지 살펴보겠다. 말이 결투지 일본 헌병들과의 대결과 북극곰이라 불리는 금강과의 대결은 결투라 부르기조차 민망스럽다. 무대에서 작가의 각본에 따라 허수아비처럼 잠깐 연기한 것에 지나지 않기 때문이다. 선친의 처음이자 마지막 결투가 마사이찌(본명 고영목)와의 대결이다. 결투 끝에 선친은 마사이찌의 권총에 맞아 숨을 거두는데 나는 선친의 이 마지막 장면을 보고 실존했던 한 인간의 존엄한 죽음을 어떻게 그토록 희화화시켜 재미거리, 웃음거리, 화젯거리, 비난거리, 조롱거리로 만들었는지 놀라지 않을 수 없었다.

◆ '야인시대' 황병관의 결투

1. 일본 헌병과의 결투

'김두한이 친구인 황병관과 서울 종각 뒤 술집에 가서 술을 마시다 일본 헌병과 시비 끝에 일본도를 휘두르는 헌병에게 몰려 절체절명의 위기에 처한 황병관의 생명을 구했다.'는 내용인데 동아방송 대담프로 '노변야화'에 출연했던 김두한의 육성회고록이 원전이다. 그러나 김두한의 이와 관련된 여러 매체와의 인터뷰 내용은 역사적 시점이 상치되거나 선친을 친구들과 함께 술집에 들어온 일본 유학생이라고 지칭하는 등 오락가락 일관성이 없다. 나는 '야인시대' 방영 중에 여성동아가 '김두한의 생생한 육성 고백'이란 제목으로 공개, 입력한 대담 기록(정리: 최미선 기자 입력: 2002년 11월 8일)을 근거로 했다.

아무튼 김두한은 일본도로 황병관을 공격하려는 일본 헌병 셋을 떠맡아 휘두르는 칼날을 신출귀몰 피해가며 맨손으로 그들을 모두 때려눕히고 황병관과 함께 도망쳐 봉은사 암자에서 석 달을 숨어 지냈다고 한다. 김두한은 선친이 며칠 뒤 학도병으로 나갈 상황이었다고 증언했다. 김두한의 도움으로 가까스로 목숨을 건진 선친은 시청자들로부터 '겁쟁이' '의리 없네.' 따위의 댓글로 혹독한 질타를 받았다.

나는 결투 장면 자체를 놓고 시시비비를 따질 생각은 추호도 없다. 김두한의 창작 결투 장면을 작가가 스크린에 올린 것이므로 결투 내용이 어떻든 시빗거리가 될 수가 없다. 김두한이 그랬다고 하니까 그러려니 하면 된다. 결투가 역사적 사실이라면 다소 과장이 됐거나 왜곡이 됐다 하더라도 선친의 생명의 은인인 김두한을 너그럽게 눈감아 주고 말았을 것이다. 한 대 더 치면 어떻고 한 대 더 맞으면 어떠하며, 주먹으로 쳤는데 발로 찼다 하면 어떠리. 일본 헌병이 세 명이면 어떻고 열 명이면 어떠냐. 한방에 나가도 그만, 다섯 방에 나가도 그만, 안 나가도 그만이다. 결투 장소는 술집도 골목길도 좋고, 넓은 운동장이나 빈 창고도 괜찮다. 결투하면서 한가하게 무슨 장소 타령을 하겠는가? 사극 드라마라도 그러려니 하면 실망할 필요조차 없다. 작가도 김두한의 회고록에서 따왔다고 하면 면죄부를 받게 되지 않겠는가?

문제는 창작이라 해도 결투 장면에 잘 알지도 못하는 황병관을 친구라며 등장시켜 시청자들의 눈살이나 찌푸리게 하고 거부감이나 일으키게 만드는 역할을 맡겨 놓고 자신은 일본도를 휘두르는 일본 헌병을 상대로 통쾌하게 무적무패 주먹을 자랑했다는 점이다. 선친을 끌어들이지 않았다면 그가 무슨 일을 벌이든 무슨 상관이 있겠는가? 선친을 끌어들인 말 못할 사연이나 의도를 알 수는 없지만 제아무리 치밀한 구성 하에 허구나 창작을 역사적 사실로 둔갑시켜도 허위는 언제라도 진실을 만나면 그 실체가 들어나게 마련이다.

범죄 사건에 자주 등장하는 용어에 알리바이가 있다. 범죄의 용의자 또는 피의자가 범죄 발생 시간에 범행현장에 있지 않았다는 사실을 입증하여 무혐의를 증명하는 방법으로 '현장부재증명'으로 번역된다. 알리바이는 범죄 사건이 아닌 '야인시대'에도 적용이 가능하다. 역사적 사건에 적용되면 '역사적 알리바이'라고 부를 수 있을 것이다.

피고도 원고도 존재하지 않은 상황에서 나는 김두한의 일본 헌병들과의 결투 장면이 허위 사실임을 선친의 알리바이로 증명할 수 있다. 이미 고인이 된 두 당사자 황병관과 김두한을 불러 마주 앉혀 놓고 진위여부를 놓고 한바탕 설전을 벌이도록 주선을 할 수 있는 형편이 아니므로 달리 묘안을 찾기가 어렵다. 그래서 내가 착안해 낸 것이 '역사적 알리바이'이다.

한마디로 선친은 결투가 벌어진 시점에 평양에 있었다. 시점 자체가 허구이므로 당연한 결론이다.

김두한은 일본 헌병과 결투를 벌인 시점을 밝히지 않았다. 그러나 그는 시기를 유추할 수 있는 움직일 수 없는 단서 하나를 무심코 제공했다. 선친이 학도병 출병을 며칠 앞두고 있었다는 발언이다. 일제 강점기 조선인 학도병 출병은 일본이 태평양전쟁(1941년 12월 7일부터 1945년 9월 2일까지) 와중인 1943년 10월 전문학교 이상에 다니는 조선인 학생을 대상으로 제정, 발표한 '조선인 학도 지원병 제도'에 따른 것인데 조선인 일본 유학생도 그 대상에 포함된다. 선친도 조선인 유학생 신분이라면 당연히 징집 대상이 될 수가 있었다.

그런데 선친은 1941년 11월 전 일본선수권대회 챔피언에 오른 뒤 1938년 봄 학기부터 시작된 메이지 대학 학업을 마치고 태평양전쟁 직전 일본을 빠져나와 아내와 젖먹이 아들이 기다리는 평양으로 귀향했고 자연히 학도병 징집으로부터도 벗어날 수 있었다. 선친은 메이지 대학 유학 시절 평양 서문여고를 졸업한 모친(최무정)과 결혼해서 고향 평양에 신혼가정을 꾸렸다. 장남인 형은 1941년 4월에, 차남인 나는 1943년 8월 평양에서 태어났다. 평양에서 가족과 함께 행복하게 지내고 있는 황병관을 김두한이 서울 술집까지 불러내 한잔을 할 수 있었다면 소설 속에서나 가능한 일이다. 김두한이 선친을 친구로 설정하고 그토록 실감나는 픽션을 엮어낸 것으로 미루어 보면 그는 문학적 재능이 있음에 틀림없다. '야인시대' 세트를 김두한의 놀이터로 꾸며놓았으니 그럴 수도 있을 것이다.

선친이 학도병 출정을 앞둔 대학생 신분이었다거나 일본 헌병 셋을 때려눕힌 뒤 이어지는 김두한과 선친의 도피행각은 모른 척 눈 감고 넘어가야겠다. 덧붙일 말이 없으니까.

2. 북극곰 금강과의 결투

북에서 왔다는 북극곰으로 불리는 금강과 선친의 결투이다. '야인시대' 본편 소설에도 등장하지 않는 가상의 주먹이다. '야인시대' 2부에서 결투 장면이 달리고 시청률이 떨어져 주먹 싸움의 재미를 위해 급조해서 무대에 긴급 투입했다고 알려졌다. 김두한, 시라소니와 어깨를 나란히 하는 정상급 주먹으로 김두한을 최고의 주먹으로 세우기 위해 세심하게 배려해서 만든 배역이 주어졌다. 주먹 대결을 벌인 적이 한 번도 없었고 그렇다고 한번 붙여 볼 수도 없는 최강의 두 주먹이라는 김두한과 시라소니를 각각 금강과 대결시켜 두 주먹의 상대적 우위를 가늠해 볼 수 있는 단초를 제공했다.

'야인시대' 시청자들의 최고의 관심거리 중 하나가 바로 주먹 세기로 '줄 세우기'이다. 나도 선친이 불가피하게 결투 장면을 선보인다면 비참하게 얻어터지거나 비겁하게 뒤로 물러서기 보다는 통쾌하게 한방에 상대를 제압하는 장면을 보고 싶다. 그런데 시라소니와 한판 붙겠다며 이화룡 사무실에 등장한 가상의 인물 금강이 예상을 깨고 선친과 붙어 세 방에 뉘여 구석에 처박아버리는 황당한 광경이 펼쳐지고 말았다. 자식의 입장에서는 차마 눈뜨고 보기에 힘든 광경이나 시청자들은 혜성과 같이 등장한 새로운 주먹 탄생에 환호했을 법도 하다.

　나의 관심은 왜 조국을 빛낸 국보급 스포츠맨을 제멋대로 캐스팅해서 고작 주먹 제왕들의 주먹 실력이나 검증해 주는 따위의 일회성 불쏘시개 용도로 사용해서 그 명성을 훼손시키느냐는 점이다. 그런 용도로 쓸 주먹들은 사방에 널려있는데도 일제 강점기 일본 건달들도 두려워서 피했다는 황병관을 굳이 선택해 실존 인물도 아닌 가상의 주먹 금강과 대결을 붙이고 처참한 패배를 안긴 이면에는 작가의 세심한 구상과 의도가 있었으리라 믿는다. 막중한 배역을 맡긴 가상의 인물 금강에게 아무 주먹이나 맞상대를 허락하지는 않았을 것이다.

　왜 선친을 금강의 상대로 선택했을까? 괴력의 레슬러로 일본에서도 널리 알려졌던 황병관 주먹의 실체를 만천하에 보여주려고 한 것일까, 아니면 금강 주먹의 괴력을 황병관을 통해 객관적으로 입증해 보려 한 것일까? 주먹 세기가 김두한과 시라소니에 버금간다는 금강으로 하여금 국보급 레슬러 황병관을 세 방에 제압해 구석에 처박아 버린 작가의 계획적 의도는 과연 무엇이었을까? 가상의 인물 금강은 생전 패배를 모르고 타계한 선친에게 사후 주먹 대결에서 첫 패배를 안겨주었다. 죽은 자를 상대로 주먹 대결을 시켜 패배를 안겨주다니 그 무슨 심보인가? 아무튼 금강과 주먹들과의 대결 결과를 보면 시라소니와 김두한은 선친이 넘보지 못할 주먹이라는 사실이다. 바로 이런 사실을 유도해내기 위해 금강과 선친의 대결을 성사시킨 것이 아닐까? 그렇다면 왜 그런 사실을 유도해내야만 했을까?

　주먹세계의 최강자는 하나하나 맞장을 떠서 결정되지는 않는다. 그래서 삼단논법에 따라 곧잘 주먹의 우열이 상대적 평가로 결정된다. 이를테면 A가 B를 이기고 B가 C를 눌렀다면 A는 C와 맞붙지 않았지만 C보다 한 수 위일 것이라는 식이다. 나는 선친과 금강과의 결투 장면이 단순히 재미를 위해 드라마에 끼어 넣은 삽화는 아니라고 믿는다. 모든 주먹싸움의 궁극적 목표는 김두한의 주먹 신화를 이루기 위한 것에 지나지 않는다. 선친은 김두한 대 시라소니의 최강자 논생의 희생양인 셈이다. 작가의 의도가 없었다 하더라도 우연처럼 보이는 금강과의 결투가 그럴만한 의미를 내포하고 있다는 사실을 '선친과 김두한의 결투'에서 밝히려 한다.

3. 마사이찌와의 죽음의 결투

부산 토박이 깡패 우두머리 마사이찌와의 결투이다. 부두 창고 같은 커다란 장소에서 김두한 패거리, 몇 명동패와 주변 노동자들이 지켜보는 가운데 마사이찌 패거리 10여 명을 통쾌하게 때려잡고 마사이찌마저 때려누인다. 그러나 위기에 몰린 마사이찌가 꺼내든 권총에 가슴을 맞고 끝내 운명한다. 죽음으로 드라마와 작별을 고하는 황병관에게 호쾌한 결투 장면으로 마지막을 장식토록 한 작가의 자상한 배려가 엿보인다.

권총을 빼 들어 가슴을 겨누고 협박하는 마사이짜와 맨주먹으로 맞서는 선친의 마지막 희극적 장면이 숱한 웃음거리를 제공했다. 운명 직전 마사이찌와 주고받은 선친의 대사는 '황병관의 명대사'로 남아 지금까지 회자되고 있다. "정말 쐈어~ 참 더러워서~"

고인인 선친의 죽음을 제멋대로 갖고 놀아도 유분수지 이걸 대사라고 썼다니 "정말 내 참 더러워서" 자식인 나는 더 할 말이 없다.

"엄청 웃겨요.""죽으면서 웃어.""개죽음""개그네." 따위의 댓글이 눈에 띄는데 선친이 시청자들에게 죽음의 순간에도 웃음을 선사하고 삶을 마감토록 각본을 짠 작가에게 고맙다고나 할까. 어떻게 한 실존 인간의 존엄한 죽음을 그토록 극적으로 희화화시켜 시청자들의 웃음을 자아내게 만들 수가 있는가? 작가는 황병관이 가족도 자식도 없는 혈혈단신 주먹으로 여겼을까? 자식들도 선친의 운명의 순간을 시청자들처럼 웃으며 보리라고 착각했을까? 형과 나는 피를 토하며 숨을 거두는 황병관의 마지막 순간을 가슴을 치며 몇 번을 돌려보았다. 결투는 고사하고 선친이 마사이찌 총탄에 맞아 숨졌다는 사실 이외에는 모두 허구요 창작이다. 사극 드라마의 현주소를 적나라하게 들여다본 느낌이어서 뒷맛이 여간 씁쓸한 게 아니었다.

◆ 황병관 죽음의 진실

1952년 2월 28일 피난지 부산.

부산의 주먹 황제인 마사이찌와 명동파 보스 이화룡이 한 건물의 사용권을 놓고 시비가 붙었다. 선친은 교통부장관을 지낸 문봉제 씨 등 정부 관계자의 도움을 얻어 그 건물의 사무실 하나를 빌려 쓰며 1952년 7월에 열릴 15회 헬싱키 올림픽에 대비해 젊은 레슬링 후배들에게 거처와 훈련 장소를 제공해서 조직적인 훈련을 받도록 도움을 주고 있었다. 가족은 피난길에 들른 대전에 거처를 마련해 주고 잠시 떨어져 살고 있었다.

내로라하는 두 거물 주먹은 광복동의 한 다방에서 만나 해결책을 논의키로 했다. 이 이야기를 전해 들은 선친은 이화룡의 신변이 염려되어 레슬링 친구인 S와 함께 이화룡을 따라 나섰다. S는 선친과 메이지 대학 동문으로 그의 부친은 대한민국 초창기 민간항공계 개척자였다.

다방에서의 협상은 난항에 빠져 분위기가 점차 험해지기 시작했다. 그런데 가장 흥분한 쪽은 두 협상 당사자들이 아닌 S였다. 화가 치민 그는 마사이찌를 다방 바닥에 패대기쳐서 구둣발로 밟았다. 부산 번화가 다방 안에서 뭇 사람이 지켜보고 있는 가운데 마사이찌는 평생 당해보지 않은 수모를 당한 것이다. 일단 현장사태는 수습되고 마사이찌는 자리를 떴으나 이화룡은 승패를 떠나 영 찜찜한 마음을 견딜 수가 없었다. 이화룡은 동지가 저지른 폭행을 사과하기 위해 대청동 마사이찌 집을 찾아갔다.

그런데 다방을 나선지 서너 시간이 지났는데도 이화룡은 돌아오지 않았다. "혹시 마사이찌 패거리에게 이화룡이 보복이나 당한 것은 아닐까?" 선친은 불안해지기 시작했다. 선친은 홀로 마사이찌 집으로 행했다.

마사이찌 집 문을 두드리며 선친은 소리쳐 불렀다. "화룡이 안에 있나?" 인기척이 없이 정적이 흐른다. 다시 문을 두드린다. "화룡이 있나?" 역시 인기척이 없다. 또다시 문을 두드리는 순간, 문이 벌컥 열리며 마사이찌가 독일제 모젤권총을 들고 선친을 향해 겨누었다. 곧 이어 총성이 두 번 울렸고 한 발이 선친의 왼쪽 가슴 심장 부위에 박혔다. 그게 치명상이 되어 선친은 그 자리에서 숨을 거두었다. 현장엔 이화룡이 마사이찌와 함께 있었다.

곧바로 경찰에 자수한 마사이찌는 검찰에 이송되어 살인죄로 재판을 받았다. 그러나 그의 억지 주장이 정당방위로 인정되어 의외로 짧은 형기를 마치고 석방되었다. 무장도 하지 않은 선친이 주먹을 휘두르기는커녕 휘두를 낌새조차 보이지 않고 문밖에 무방비 상태로 서있었는데 센 주먹이 날아올 것이라고 상상을 하니 죽을까 봐 더럭 겁이 나 권총을 발사했다는 마사이찌의 주장이 먹혀들었던 것이다.

(이상은 2000년 체육진흥공단 편찬 '레슬링 풍운록'의 저자 조동표 스포츠 전문기자가 1965년 서울경제신문 '스포츠 일화' 황병관 편에 메이지 대학 출신인 김극환, 김옥규, 신성

호 등과 이화룡을 인터뷰하여 취재, 기록한 내용이다. 김옥규 씨는 선친의 검시에도 입회했었다.)

마사이찌가 3년 형기를 마치고 석방되었다는 기록도 있어 그의 형기를 확인하기 위해 집념이 강한 서울의 형이 2020년 8월 20일 국가기록원에서 '황병관 살해사건 확정판결문'을 열람, 형기를 확인했다. '확정판결문'에 따르면 마사이찌(본명 고영목)는 1952년 8월 9일 부산지방법원에서 징역 2년에 집행유예 5년을 선고받고 석방되었다. 1953년 7월 7일 대구고등법원 항소심은 원심을 그대로 확정, 판결했다. 마사이찌는 고작 5개월 형무소에 있다 풀려났다. 형사판결문은 국가기록원에 영구 보관된다.

선친의 타계 소식을 대전에 살고 있는 가족들에게 전하기 위해 친척 아저씨가 부산에서 열차 편으로 달려왔다. 아저씨는 선친의 사촌 동생이다. 갑작스런 아저씨의 방문에 모친은 의아해 할 수밖에 없었다. 아저씨가 불안한 표정의 모친에게 무겁게 입을 열었다.
"형님이 레슬링 훈련을 시키시다 부상을 당하셨어요. 크게 염려하실 정도는 아니고요." 아저씨의 표정은 어두웠다. 모친의 표정도 금방 어두워졌다. 모친은 그 말이 정말이냐고 다그쳐 물었다. 아저씨의 언행이 석연찮은 인상을 짙게 풍겼다. 가족이 모두 부산으로 떠날 준비를 서두르라는 것이다. 이사를 가야 한다니? 극도의 불안감과 짙은 의구심을 품은 모친을 따라 우리 형제들은 아저씨가 이끄는 대로 부산행 열차에 올랐다. '선친 타계' 소식을 듣게 되기까지는 그리 오랜 시간이 걸리지 않았다. 열차가 부산역에 도착하자 마중 나온 친척과 친지들 가운데 한 분이 오열을 하며 우리 가족을 맞는 바람에 상봉 장소는 삽시간에 울음바다로 변하고 말았다. 선친의 타계를 확인한 순간이었다.

　모친은 우리 가족이 살 거처를 마련하기까지 이화룡의 제의에 따라 그의 자택에서 잠시 기주키로 결정했다. 넉분에 이화룡과 선친의 죽음과 관련된 많은 이야기를 나눌 수 있었다. 이화룡이 모친과 자식들(형과 나) 앞에서 직접 전한 증언에 따르면 선친이 숨을 거두며 신음소리와 함께 뇌인 외마디 말은 "아이들은~ 아이들은~" 이었다. 남겨질 어린 자식들이 눈에 밟혀 어찌 선친이 편히 눈을 감을 수 있었겠는가? 이화룡은 자신과 마사이찌와의 사이에 한 건물의 사용권을 놓고 일어난 문제를 해결하려던 자리에 선친이 동석했다가 뜻밖의 비운을 당했다며 유족들 앞에서 사죄했다. 이화룡은 사고 당시 선친이 입고 숨졌던 양복 상의를 모친에게 전했는데 우리 형제들이 왼쪽 가슴 부위에 총알이 관통한 흔적을 만져보던 기억이 생생하다. 선친의 상의는 몇 년 뒤 아픈 상처와 작별하기 위해 모친이 옷이 필요한 이웃에게 희사했다.

　선친 사망의 목격자는 마사이찌와 이화룡이다. 이화룡은 메이지 대학 동문들을 주축으로 한 레슬링 관계 인사들과 후배 레슬러 및 기타 체육계 인사들의 지탄의 대상이 되었다. 친구의 신변이 염려되어 마사이찌 집을 찾아간 황병관인데 어떻게 권총을 들고 황병관을 겨누고 있는 마사이찌를 코앞에 두고 제지는커녕 죽은 듯 꼼짝 않고 숨죽여 지켜보고만 있었느냐는 것이다. 선친이 "화룡이 있나?"하고 소리쳤을 때 '피하라'고 한마디만 해 주었더라면 선친이 생명을 건질 수도 있었을 거라며 그에 대한 원성의 소리가 높았다.

　선친이 곧잘 명동파로 불리는 것은 이화룡과의 친분 탓이다. 이화룡과 가까운 사이라고 그와 같은 주먹 패거리가 아니고 그의 부하가 아니다. 주먹이 세다고 주먹세계의 주먹이 아니며 주먹세계 주먹과 친분이 있다고 주먹세계에서 노는 것이 아니다. 힘이 장사였던 선친은 이른바 '주먹들'을 두려워한 적이 없었다. 이화룡은 선친과 서로 이름을 부르는 사이였다. 선친이 메이지 대학 시절 이름이 널리 알려져 내로라하는 조선 주먹이나 건달들은 선친의 이름을 익히 알아 감히 시비를 걸 생각을 못 하고 가깝게 지내려고 접근했다. 이화룡도 평양 주먹들의 보스로 선친에게 접근해 사이가 가까워졌다. 정치계와 항상 거리를 둔 이화룡은 1960년 조직폭력계를 떠나 화성영화사를 설립, 영화제작자로 변신하여 '박서방', '마부', '장희빈' 등 걸출한 영화들을 제작하여 한국영화사에 이름을 남겼다.

선친의 장례식

부산 광복동 소재 사찰에서 한국 레슬링에 이바지한 선친의 공로를 기려 '대한 체육인장'으로 치러진 장례식이 생생하게 기억난다. 엄청난 조문객이 몰려왔었다. 제헌국회의원 및 국무총리서리를 지낸 이윤영, 국무원 사무국장 및 교통부장관을 지낸 문봉제, 국회의원을 지낸 변호사 한근조, 서울대 사회학과 교수로 대한체육회 부회장 및 IOC위원을 역임한 이상백, 오산학원 이사장을 지낸 김옥규, 독립운동가 김성주 씨 등이 조사를 했다. 한근조 씨는 "총은 비극입니다. 총을 쓰는 자는 총으로 망합니다. 총을 손에 들지 마세요." 하며 절규하듯 조객들에게 호소했다. 마지막으로 메이지 대학 레슬링부장이었던 김옥규 씨가 흐느낌 속에 눈물로 겨우 마친 조사가 지금도 귀에 쟁쟁하다.

장례식순이 막 끝난 뒤 모친은 위로의 말을 건네 온 인척 김정연(일제 강점기 한국인 최초로 1936년 제4회 가르미슈-파르텐키르헨 동계올림픽에 스피드스

케이팅 일본 대표로 출전, 전 대한빙상경기연맹 회장) 씨에게 남편 살해범 마사이찌를 지칭하며 "악을 선으로 갚겠다."고 울먹여 말했는데 김정연 씨는 이 말을 듣고 수많은 조객들을 향해 "미망인께서 악을 선으로 갚겠다고 하셨습니다." 하고 큰소리로 외쳐 조객들이 큰 감동을 받았다고 형은 회상했다.

장례식이 끝나자 긴 장례행렬이 광복동 번화가를 거쳐 장지인 아미동 묘소로 이어졌다. 장례행렬을 지켜본 길거리 시민들은 대형 태극기와 만국기를 앞세우고 조화행렬이 길게 이어지며 운구차가 지나고 그 뒤를 따르는 수많은 조객들의 행렬에 의아한 모습이었다. 도대체 어떤 대단한 인물이 세상을 떠났다고 전쟁 중 이토록 성대한(?) 장례식을 치르나 하는 표정들이었다. 국방부의 특별 배려로 긴급 파송된 국군 군악대가 유족들이 탑승한 운구차에 앞서 이동하며 주요 길목에 자리 잡고 대기하고 있다가 운구 행렬이 지나가면 조가를 연주하여 선친의 마지막 길에 애도를 표했다. 조사를 한 귀빈들, 장례행렬, 국군군악대 등을 담은 사진들은 형이 소중히 간직하고 있다.

선친이 운명하심으로 가족들은 대전에서 부산으로 이주해서 서울 환도 때까지 살았다. 졸지에 자식 넷을 거느린 가장이 되어 생계와 교육을 떠맡은 30대의 모친은 모진 풍파와 싸워나갔다. 가까운 친인척과 동업으로 시장에서 곡물 장사도 했고 부산 국제시장에서 스팸 등 이른바 '양키물건'을 좌판에 늘어놓고 팔기도 했다. 나도 가끔 모친 곁에서 좌판을 지키기도 했는데 양키물건 단속반이 뜨면 동업하는 친척 아저씨가 좌판의 물건들을 눈 깜짝할 사이에 자루에 쓸어 담아 하수구 같은 곳에 대피시키는 작업을 돕기도 했다. 환도 후에는 중앙청 구내식당에서 담배와 몇 가지 잡화를 파는 작은 매점을 운영하기도 했다. 모친은 모진 고난 속에서도 매사에 낙관적이며 긍정적이었다. 뜻밖의 소송으로 살던 집마저 빼앗기고 우리 가족이 거리에 나서게 되었을 때 결혼을 앞둔 외아들(장두원)과 함께 정릉에서 사시던 이모님이 선뜻 자택에 거처를 마련해 줘 어려운 고비를 넘기기도 했다. 장두원(전 충주MBC 사장) 형은 사촌 동생인 우리 형제들을 친동생 못지않게 보살펴 주었다.

"보고 싶은 사람 다 오라고 불렀다가 나 죽지 않으면 망신하는 거 아니가?" 하시며 임종 며칠 전 병상에서 자식들과 문병객들을 웃기시던 모친의 모습이 생생하게 떠오른다. 화장실에 가면 오래 있는 나에게 "나 죽기 전엔 돌아오라." 농담을 건네시던 어머님이 보고 싶다.

◆ 종로 왕초와 황병관의 대결

이제 '야인시대'에 등장하지 않은 역사적 결투 장면 하나를 소개할 순간을 맞았다. 결투가 일어난 때가 일제 강점기인 1930년대 말이니 80여 년 전 일이다. 선친이 메이지 대학 재학시절이었다. 그러나 이 결투 장면이 일간신문 지면을 통해 일반 독자들에게 알려진 것은 1965년이었다. 선친이 '야인시대'에 등장하자 잊혔던 이 뉴스도 다시 세상에 나와 떠돌기 시작했다. 그러나 이 뉴스는 '야인시대' 김두한의 주먹 신화에 가려 뉴스의 출처마저 밝혀지지 않은 채 떠돌았다. 심지어 이 뉴스가 선친의 입에서 나왔다는 루머마저 나돌았다.

주먹 대결에서 무패 신화를 썼다는 김두한이 사실은 맞대결에서 참패를 맛본 과거가 있었다면 이거야말로 '야인시대'가 뒤집어질 충격적 뉴스가 아니겠는가? 김두한의 상대는 과연 누구였을까? 그 뉴스는 도대체 누가 어떻게 제공했으며 객관성과 신빙성이 있는 출처로부터 얻어낸 것일까? 인터넷과 각종 매체를 통해 홍수처럼 쏟아져 나오는 '야인시대'와 관련된 루머나 '카더라' 정보에 사실과 진실이 묻혀버리지 않기를 바랄 뿐이다.

김두한과 선친의 대면은 아마도 평생 단 한번이었을 것이다. 그런데 첫 대면이 곧바로 결투로 이어졌다. 선친은 김두한과는 달리 회고록을 남기지 못하고 세상을 떠났다. 33세로 비명횡사한 선친이 남긴 기록물은 조선체육관(한국체육관 전신) 레슬링 사범 시절 신문에 게재된 레슬링 시합 예상평과 관전평 정도와 레슬링 시합 선전 포스터용 스케치 정도일 것이다. 선친은 미술에 재능이 많아 조선미술전람회에 입선하기도 했다. 물론 메이지 대학 재학 중 레슬링을 통해 남긴 일본 및 조선 매스컴과 각종 간행물에 소개된 기록물은 헤아릴 수 없이 많다. 레슬링 전성기 때 어느 일본 잡지 표지에 등장하기도 했는데 6·25전쟁 피난길에 그 잡지를 포함해 선친의 레슬링 관련 사진 등 귀한 가족사진들을 담은 란도셀(책가방)을 내가 메고 다니다 란도셀 채 몽땅 분실하고 말았다.

그런데 참으로 우연히 1965년 한국일보 자매지인 서울경제신문 인기연재물 '스포츠 일화'에 소개된 선친의 일대기를 접하게 되었다. 이 일대기에 선친과 김두한의 결투 장면이 상세히 묘사된 것이다. 내가 대학 재학 중 가정교사를 했던 학생의 집이 가회동에 있었는데 어느 날 버스에서 내려서 가는 길에 한국일보사 신문 게시판에서 '스포츠 일화 황병관 편'과 극적으로 만나게 되었다.

이 일대기는 '대한민국 제 1호 스포츠 기자/평론가'로 한국체육사에 큰 족적을 남긴 원로 체육전문 언론인 조동표 씨가 한국일보 자매지인 서울경제신문의 인기연재물 '스포츠 일화'에 선친과 레슬링을 함께 했던 김극환(전 대한아마레슬링협회 회장), 김옥규(전 오산학원 이사장) 씨 등 명망이 높은 메이지 대학 동문들과 기타 일본 대학 유학생 친구들

및 수제자인 이상균(전 태릉선수촌장) 씨 등을 폭넓게 인터뷰하고 선친의 레슬링 관련 신문기사와 기록들을 심층 취재하여 1965년 5월 25일부터 8월 26일까지 3개월간 79회에 걸쳐 취재기록을 소설 형식으로 연재한 것이다. 당시 조동표씨는 한국일보 체육부장이었다. 이 일대기는 자신에 관한 기록을 남기지 않은 선친 황병관에 관해 언론이 객관적으로 취재, 기록한 것이어서 유족들에게 더할 나위 없는 소중한 가보가 되었다.

이 일대기는 2000년 국민체육진흥공단(이사장 이연택)에서 발간하고 한국체육사 편찬위원회(이사장 연병해)가 펴낸 '레슬링 풍운록' 황병관 편에 150여 페이지에 걸쳐 관련 사진과 증빙자료를 보강하여 수록되었다. '레슬링 풍운록'은 생생한 증언들과 당대 자료들을 근거로 한국체육사를 빛낸 레슬러들의 묻힌 이야기를 소설처럼 재미있고 쉽게 풀어 쓴 게 특징이다. '레슬링 풍운록' 출판 소식을 미리 전해들은 한국의 형(황영엽)이 저자인 조동표 씨를 만나 선친의 일대기에 쓰일 새로운 자료와 사진들을 제공해 주었다. 사진 중에는 평양 번화가에 가설 링을 설치해 놓고 레슬링을 보급하는 선친의 사진, 선친의 장례식 및 가두 장례행렬 사진, 가족사진 등이 포함되었다.

자, 드디어 '레슬링 풍운록' 142면을 펼쳐 결투 장면을 소개한다.

메이지 대학에 입학한 황병관은 레슬링팀 부원들을 비롯한 조선인 재학생들과 사귀며 캠퍼스 생활에 빠르게 적응했다. 황병관은 1938년 일본 레슬링 신인선수권 대회에서 우승과 함께 괴력의 소유자로 그의 이름이 캠퍼스 내에 삽시간에 퍼져나갔다. 휴식 시간이면 캠퍼스 친구들과 한담도 나누었다. 어느 날 황병관은 방학을 맞아 귀향했다 돌아온 조선인 유학생들로부터 서울에서 봉변을 당한 이야기를 듣게 되었다.

 대학모를 쓰고 유학생들이 종로 근처 술집에서 술을 마시고 있는데 한 거구의 청년이 다가와 술을 사달라고 강요하더라는 것이다. 거한의 우락부락한 인상에 기가 죽어 도리 없이 술을 샀는데 또 용돈까지 강요하여 소지했던 돈마저 몽땅 털렸다는 것이다. 억울하게 당한 유학생들이 바텐더에게 그 거한의 이름을 물었더니 그가 바로 종로 바닥에서 주먹으로 이름을 떨치고 있던 '김모'였다. 그날 당한 수모가 너무 억울해서 유학생들이 황병관에게 털어놓았던 것이다. 이 이야기를 듣고 난 황병관은 "그 '김모'란 놈 서울에 가면 한번 혼내 본때를 보여주지."하고 다짐을 했으나 그 사실을 까맣게 잊고 겨울방학을 맞아 고향 평양을 가는 길에 서울에 들르게 되었다.

 황병관은 친구와 종로 뒷골목 식당에서 저녁을 먹고 있었다. 그때 법석대며 한 패거리가 들어오는데 그중 하나의 덩치가 유난히 컸다. 그들은 황병관의 이웃 자리에 잡고 식사를 주문하며 겁에 질린 종업원에게 큰 소리로 시비를 걸기 시작했다. 주문이 늦다느니, 술맛이 나쁘다는 등 불평을 쏟아내며 소란을 피우자 황병관의 친구가 얼굴을 찌푸리며 "원 이거 시끄러워 밥을 먹을 수 있나." 하고 혼잣말로 중얼거린 게 옆 패거리의 시빗거리가 되었다.

 패거리들은 "시끄러운 게 싫으면 딴 데 가서 먹지. 옷만 깨끗이 걸치면 제일이야? 이 새끼들 주먹 무서운 줄은 모르는 모양이군." 하며 마구 지껄여댔다.

 참고 견디던 황병관이 자리에서 일어나며 큰 소리로 말했다.

 "왜 이렇게 소란을 피워. 이 식당 손님이 당신들뿐이야!"

 패거리 중 거한은 마치 이때를 기다렸다는 듯 앞으로 나서며 "이 자식, 아직 주먹맛을 모르는 모양이군. 버릇 좀 고쳐달라는 거야?" 하면 황병관에게 식당 밖으로 나오라고 한다. 애초 패거리들이 심중에 두고 노리던 상대는 황병관이었다. 식당 손님들이 모두 먹던 손을 멈추고 지켜보는 가운데 거한과 황병관은 식당 밖으로 나갔다.

거한과 황병관이 골목길에서 마주 섰다. 공격을 먼저 시작한 쪽은 거한이었다. 거한의 주먹이 날아드는 순간, 황병관은 거한의 뻗은 팔을 잡아 옆으로 돌며 몸을 꺾어 거한을 번쩍 들어 식당 모퉁이에 있는 시멘트 쓰레기통에 거꾸로 처박았다. 결투는 순식간에 끝나버렸다.

황병관이 먼지를 툭툭 털고 식당에 다시 들어가 친구와 함께 식사를 하는 사이 수모를 당한 거한의 패거리는 소리 없이 사라져버렸다. 황병관은 그가 상대한 거한이 바로 종로 왕초 '김모'라는 사실을 전해 듣고 "그 자인 줄 알았더라면 좀 더 혼내줄 걸 그랬네." 하며 아쉬워했다. 이 결투 소식은 메이지 대학은 물론 일본 내 각 대학 조선인 유학생들에게 급속도로 퍼져 큰 화젯거리가 되었다.

황병관과 맞붙은 '김모'는 해방 후 독립지사의 아들이라는 배경을 업고 화려한 조명을 받으며 연예계, 정치계, 언론계 등 여러 분야에 수많은 화제를 뿌렸으며 국회의원까지 지낸 인물이다.

(이상 '레슬링 풍운록' 142~145면 요약. 저자 조동표 기자는 당시 생존했던 인물에 대한 예우 차원에서 실명 대신 '김모'로 표기했음을 밝혀둔다. 취재기자의 입장에서 독자들이 '김모'가 김두한임을 능히 짐작하고도 남음이 있는 신상정보를 과감히 밝힌 것은 취재원이 확실하고 믿을만하다는 확신이 없으면 불가능한 일이다.)

◆ 김두한을 만난 황병관의 아들

선친이 '야인시대'에 캐스팅되지 않았더라면 선친은 한국체육사 속에서 고이 잠들고 계셨을 터이고 김두한 씨도 이처럼 진지한 나의 글의 소재가 되어 재조명을 받아야 할 이유도 없을 것이다. 나는 평소 김두한 씨에 대해 별다른 부정적 감정이나 편견을 갖고 있지 않았다. 특별히 관심을 갖고 그의 과거 행적을 추적해 보거나 관련 기록물을 찾아본 적도 없다. 역사적 평가는 차치하고 사나이다운 당대의 협객 주먹이라는 대중적 이미지에도 그런대로 공감했다.

김두한 씨가 새롭게 나에게 다가온 것은 1965년 서울경제신문 '스포츠 일화 황병관 편'에 소개된 김두한의 참패로 끝난 선친과의 결투 때문이었다. 그 뒤 내 머릿속을 계속 맴도는 의문이 있었다. "잊고 싶고 지워버리고 싶은 뼈아픈 패배의 기억을 가슴에 묻고 사는 김두한 씨가 선친과의 당시 결투 장면을 상세히 묘사한 스포츠 일화를 읽어보지 않았을까? 본인은 읽어보지 않았다 하더라도 누군가 읽고 김두한 씨에게 넌지시 전해주지는 않았을까?" 선친이 이미 고인이 되었다는 사실은 김두한 씨에게는 그나마 다행이 아니었을까 싶다. 나는 김두한 씨가 '스포츠 일화'를 모를 리가 없으리라는 생각이 강하게 들었다.

1970년 여름 어느 날, 내가 군 복무를 마치고 대학에 복학해서 성북구 정릉에서 살 때였다. 집에서 언덕을 하나 넘어가면 이모님 댁이었다. 그날 나는 남동생(황득엽)과 함께 이모님 댁으로 가고 있었다. 그런데 우리 앞에 체구가 큼직한 남자가 휘적휘적 걸어가는 게 눈에 들어왔다. 어디서 본 듯한 친숙한 모습이었다. 발걸음을 재촉하여 그를 쫓았다. 김두한 씨 같았다. 김두한 씨가 정릉유원지 개발사업을 한다는 소문을 들은 터여서 그가 틀림없어 보였다. 김두한 씨를 뜻밖의 장소에서 이처럼 우연히 만나게 될 줄은 상상도 못한 일이었다.

"김두한 아저씨!" 동생과 나는 소리쳐 그를 불렀다. 우리 형제들은 선친의 친구들을 모두 이름 석 자 또는 성을 뺀 이름 뒤에 아저씨를 붙여 부르곤 하였다. 그가 발걸음을 멈추고 뒤돌아 흘끗 우리 형제를 쳐다보았다.

"아저씨 안녕하세요? 저희 선친이 황병관인데요." 동생과 나는 그에게 꾸뻑 고개를 크게 숙여 인사를 건넸다.

"아! 그래. 반갑네. 야, 너희들은 아버지의 반쪽도 안 되는구나." 김두한 씨가 만면에 웃음을 띠며 악수로 우리 형제를 반겼다. 나의 모친에 관한 안부도 묻고 나도 그의 근황을 물었다. 그와 함께 걸으며 문득 오랫동안 머릿속에 잠재해 있던 의문이 떠올라 나는 잠시 합당한 어휘를 찾아내느라 고심했다. 상대가 들어서 난처한 질문은 피해가고 싶었다. 정곡을 찌르고 싶지도, 그렇다고 핵심을 피해가고 싶지도 않았다. 드디어 '상대하다'라는 어휘가 하나 떠올랐고 질문이 김두한 씨에게 던져졌다.

"저희 부친 상대해 보신 적 있으세요?"

짧은 침묵의 순간을 거친 김두한 씨는 옅은 미소와 함께 입을 열었다.

"너희 아버지 힘 당할 사람 어디 있었나."

김두한 씨는 내가 고심해서 선택한 어휘에서 나의 의중을 정확하게 읽어낸 듯싶었다.

불과 15분 남짓한 만남을 통해 김두한 씨는 더욱 친근하고 털털한 모습으로 다가왔다. 내가 신문기자로 재직 중이던 1972년 11월 21일 그의 부음을 듣고 그와 정릉에서의 상면을 회상했던 기억이 난다. 김두한 씨와의 극적 상면은 평생 잊지 못할 추억이 되었다.

◆ 황병관은 주먹세계나 '야인시대'의 주먹이 아니다

나는 김두한 씨와 개인적 친분이 없었던 선친이 '야인시대' 김두한의 드라마에 출연하게 된 사연 또한 궁금하기 짝이 없었다. 김두한이 주장하는 선친과의 친분은 그의 회고록 증언이 유일하다. 나는 선친의 '야인시대' 출연은 김두한의 회고록 때문이라고 믿는다. 만약 선친이 생존했더라면 그의 회고록에 선친을 등장시킬 생각은 아예 꿈속에서도 하지 못했을 것이고 야인시대 등장도 불가능하지 않았을까?

그렇다면 김두한은 왜 고인이 된 선친과의 친분을 만들어서라도 기록으로 남기려 했을까? 과거 친분을 맺지 못한 아쉬움을 글로나마 맺어보려고 선친을 끌어들인 것일까? 선친과 관련된 회고록에 소개된 선친에 관한 이야기를 보면 그 의도가 엿보인다. 그 중 '야인시대'에서도 소개된 '김두한이 친구인 황병관과 술집에서 술을 마시다 일본 헌병들과 시비가 붙어 위기에 처한 황병관을 구했다.'는 장면이 있다. 이 장면은 시점으로 보면 선친과 김두한의 결투와 거의 같은 시기이다. 어떻게 선친이 맞대결로 첫 대면한 김두한과 어느 틈에 술친구가 되어 술잔을 기울였는지 현실적으로 설명이 불가능하다. 혹시 선친과의 역사적 맞대결을 어떤 형식을 빌려서라도 희석시켜 보려 했거나 덮어버리기 위한 시도는 아니었을까? 아무튼 선친과 김두한의 실제 맞대결은 빛을 보지 못한 채 묻혀버리고 대신 일본 헌병과의 허구 결투 장면은 각광을 받으며 전국 시청자들에게 선보였다. 김두한이 선친의 친구가 아니었다는 사실은 선친의 친구들의 증언을 통해 모친과 우리 형제들도 알고 있었다.

'야인시대' 선친의 결투 장면이 모두 허구라는 사실을 적시했으므로 나는 선친의 청소년 학창시절과 손기정의 스승이었던 조부 황욱을 소개하고 선친이 부모의 슬하를 떠나 일본으로 유학을 떠난 시기부터 운명 때까지 약 14년간(1938년~1952년)을 연도별로 직분에 따라 넷으로 구분하여 '야인시대'와의 연관성을 살펴보려 한다. 선친이 본업을 팽개

치고 혹시 주먹세계에 몸담았던 적이 있었는지 혈기왕성한 나이의 선친의 발자취를 따라가 본다.

청소년 시절 선친과 조부 황욱의 제자 손기정

기골이 장대하고 힘이 장사였던 선친은 조부 황욱을 닮아 타고난 스포츠맨이었다. 선친을 비롯해 삼촌과 고모들이 스포츠에 탁월한 재능을 보였다. 조부는 일본 릿교 대학 영문과 재학 시절 산악부원으로, 삼촌은 혜화전문에서 투척과 레슬링 선수로, 두 고모들은 이화여전에서 단거리 육상선수로 활약했다. 조부의 동생(황탁)은 메이지 대학 재학 시절 복싱 선수로 일본대학 복싱계를 휩쓴 미들급 강호였다. 선친이 철봉대를 잡고 큰 덩치를 팔랑개비 돌리듯 회전시켜 내가 신기한 눈으로 쳐다본 기억이 난다. 선친이 운동 체질을 타고났지만 조부는 미술에 선천적 재능을 타고난 아들이 미술가가 되기를 내심 크게 기대했다고 한다.

유학 시절 암벽 등반기술을 익혀 국내 산악계에 전파한 선구적 등반가인 조부를 따라다니며 선친은 한반도의 높은 산이란 산은 다 정복했다. 영문학을 전공한 조부는 영어 교사로 11년간 재직한 양정고보에 산악부 창설을 주도했으며 현재도 한국 최고의 산악전문지 월간 '사람과 산' 등에 이름이 오르내리는 전설적 산악인이다. 조부는 일제 강점기 학생산악운동을 태동시켜 조선 청년들에게 국토애, 민족애를 고취시켰고 호연지기와 희망을 안겨준 선구적 등산지도자이며 교육자였다. 동서양 미술사, 회화 감상, 인류 고고학에 전문가 못지않은 해박한 식견과 안목을 갖춘 조부는 해방 뒤 초대 평양 박물관장을 역임했다.

조부는 자유기고가로 등산과 스키에 관한 글을 여러 잡지에 기고했다. 그 가운데 1935년 월간 중앙(7월호)에 기고한 '록클라이밍과 그 지식'이 암벽등반 기술, 장비, 보신법(현대 등산 용어로 확보법), 하강법, 대상지 등을 상세히 소개한 희귀한 기록으로 남아 있다. 조부는 그 글에서 당시로서는 첨단적인 등산관을 다음과 같이 피력하고 있다.

"될 수 있는 대로 어려운 코스, 새 코스를 택하는 것이 현대적 등반의 골자이다. 그러니 자연 고봉준령 기암석벽을 찾아다니게 될 것 아닌가. 여러 가지 현대적 장비가 필요할 수 밖에. 암등자(록클라이머)는 암벽을 쳐다볼 때에 창작적 충동을 느낀다. 마치 화가가 화포를 대할 때와 같다."

조부는 1930년 여름 안재홍(독립운동가, 정치인, 조선일보 주필 및 사장), 변영로(시인, 영문학자), 김찬영(화가), 성순영(독립운동가), 윤홍열(대구시보사 사장), 그리고 '남으로 창을 내겠소'의 시인 월파 김상용 등 가까이 교류하던 당대의 지성들과 함께 16일간의 백두산 등정에 나섰는데 조부가 산행을 이끌었다는 이야기가 전해지고 있다.

황욱은 양정고보 재직 시절 마라톤 영웅 손기정의 담임교사였다. 1936년 11회 베를린 올림픽 마라톤에서 우승의 월계관을 쓴 영웅의 귀환은 이른바 동아일보의 '일장기 말살사건'으로 인해 일본 경찰의 삼엄한 감시 속에 불안하고 초라한 개선이 되고 말았다. 일본 선수단이 긴 공식 여정을 고오베에서 끝내고 정신적인 압박감에 시달리던 손기정은 동경행 열차에 오르며 경성에 급히 전보를 쳐 도움을 청했다. 손기정이 동경의 호텔에 묵는 동안 찾아온 사람은 바로 양정고보 담임교사인 황욱 선생님이었다. 1936년 10월 8일 손기정은 황욱 선생님과 함께 프로펠러 비행기를 타고 현해탄을 건너 일본 형사와 순사가 깔려있는 여의도 비행장에 안착했다. 손기정이 기숙하고 있는 집에도 툭하면 일본 형사들이 찾아왔다. 감시가 심해지자 손기정은 황욱 선생님 댁으로 거처를 옮겨 스승의 장남 병관과 같은 방을 썼다. 황욱 선생님 댁에도 주말만 되면 순사들이 놀러 온다는 핑계를 대고 번갈아 찾아와 동정을 살폈다. 그리고는 "어디서 편지 온 것 없느냐? 누가 찾아오지 않았냐?"고 시시콜콜 캐물었다.

 "황욱 선생님, 장지영 선생님 모두 학생들을 친자식, 친동생처럼 사랑하시던 분들이었다. 나는 평양 서문여고 시절 단거리 육상 선수로 전국을 제패한 강복신을 소개받아 사귀다 결혼을 했는데 황욱 선생님이 결혼식 축사를 해주셨다."(이상 손기정 자서전 '나의 조국 나의 마라톤' 중에서 발췌)

 선친이 중앙고보 시절 육상경기에 흥미를 갖고 육상부에 들어가 투포환에 빠져 1937년 전조선 중등육상경기대회에서 대회 신기록을 세운 것은 한방을 같이 쓰며 지내던 손기정 선수의 권고와 영향 때문이었다. 체격이 크고 힘이 좋으니 달리기 대신 투포환을 해보라고 선친에게 권고했던 것이다. 손기정 선수의 일상적인 성실한 훈련 태도는 선친에게 모범이 되었다. 선친은 손기정 선수와 매일 아침 함께 일어나 손 선수가 집을 나서 1시간 반 가량 아침 훈련을 하는 사이 아령, 역기 등으로 체력 단련에 땀을 쏟았다. 나는 손기정 선생님이 친필로 서명한 그의 자서전을 소중히 간직하고 있다.

1. 일제 강점기 메이지 대학 유학생(1938~1941년)

 1938년 봄 메이지 대학에 입학한 황병관은 그의 타고난 체격과 체력을 한눈에 알아본 레슬링부 조선인 선배들의 권유에 따라 레슬링에 입문하며 '한국 레슬링 대부'로서의 첫발을 내딛었다. 타고난 힘과 운동 체질에 혹독한 훈련을 쌓아 이듬해 선친은 전 일본을 석권하고

1940년에는 전성기를 맞았다.

 1940년 6월 일본, 호주, 필리핀 등 동아 국제 레슬링 대회가 일본에서 열렸는데 황병관은 웰터급 일본 대표로 출전했다. 1차전 상대는 필리핀의 레슬링 개척자요 일인자인 아르카레스. 사이클 선수 경력을 지닌 그는 하체가 유난히 발달한 선수였다. 황병관도 이미 그의 명성을 들어 알고 있었다. 두 선수가 매트 위에서 마주 섰을 때 관중들은 필리핀 선수가 일방적 경기를 펼치다 폴승을 거둘 것이라 예상했다.

 황병관은 상대의 상체를 공격하기로 작전을 세웠다. 황병관이 잽싸게 왼손으로 아르카레스 어깻죽지를 잡고 그의 등 밑으로 파고들며 허리를 튀긴 뒤 왼쪽으로 빠지자 아르카레스의 몸이 매트 위에 등을 대고 떨어졌다. 동시에 황병관이 상대의 상체를 덮쳐눌러 폴승을 따내기까지 걸린 시간은 불과 45초였다. 모든 관중과 경기 임원들은 입을 딱 벌리고 잠시 할 말을 잃었다. 2차전의 호주 선수 배커버트는 배치기로 넘겨 '옆누르기'로 2분만에 폴로 이겼다.

 1948년 14회 런던 올림픽에 레슬링 선수로 참가했던 황병관은 필리핀 레슬링 감독으로 참가한 아르카레스와 뜻밖에 만나 해후의 기쁨을 나누었다. 황병관에게 패한 충격으로 현역에서 은퇴하여 레슬링 코치가 되었다는 아르카레스는 황병관의 팔 근육을 만지며 "8년이 지났는데도 여전하다."고 부러워했다.

(국민체육진흥공단 편찬 〈레슬링 풍운록〉 황병관 편에서)

 4년간의 일본 유학시절은 공부하랴, 레슬링 연습하랴, 생활비를 받으면 동료들과 신주쿠에 나가 한잔하랴 또 방학 때면 평양의 신부 곁으로 달려가 함께 보내랴 그야말로 눈코 뜰 새 없이 바쁜 나날이었다. 선친의 조부는 평양 장안에 '황고집 영감'(본명: 황적)으로 널리 알려진

대지주였는데 황 영감은 그와 절친한 친구인 평양 갑부이자 시종벼슬을 지내며 고종의 두터운 신임을 얻었던 '최시종 영감'(본명: 최정환)의 늦둥이 막내딸과 선친의 혼사를 일찌감치 굳게 약속해 놓은 터였다. 신부감(최무정)이 평양 서문여고를 졸업하자 유학 중인 손자를 불러들여 당장 혼례를 치루라는 황 영감의 엄명이 현해탄 건너 선친에게 전달되었다. 선친은 뜻밖의 혼사 강요에 적잖이 당황하여 조부의 엄명에 저항했으나 결국 황고집 앞에 무릎을 꿇고 혼례식을 치렀다.

그래서 유학 중 친구들과 잠시나마 어울려 여유롭게 한잔하고 식사라도 할 수 있는 곳은 방학 중 신부가 기다리는 평양 가는 길에 잠시 묵어가던 서울이었다. 유학 기간 '야인시대'에 선친을 등장시킬만한 화젯거리가 생겼다면 서울에서 생긴 것인데 선친과 종로 왕초 '김모'와의 맞대결이 바로 그것이다. '김모'와의 맞대결을 **빼면** 유학생활 4년간 선친은 조선의 주먹세계와는 단절된 세계에서 살았다.

일본에서의 유학생활이 마냥 조용하지만은 않았다. 친구 좋아하고 베풀기를 좋아했던 선친은 부친이 보내는 생활비를 받으면 조선인 유학생들을 이끌고 식당이나 술집에 들려 몸보신도 하고 한잔하기도 하였다. 한번은 단골 맥주홀에서 맥주를 마시고 있는데 신주쿠의 건달 서너 명이 "덩치가 크네, 술 잘 마시네." 하고 떠들어 대며 선친에게 집요하게 시비를 걸었다. 참다못한 선친은 말없이 그들에게 다가가 한 놈의 멱살을 잡고 볼때기를 후려쳤다. 패거리들은 맥주병, 의자, 칼을 제각기 들고 선친을 둘러싸고 위협했다. 타고난 센 주먹에 운동으로 단련된 날렵한 몸놀림은 순식간에 패거리들을 때려눕혔다. 일본 순경이 달려왔고 선친은 관할 '요요기 경찰서'로 끌려갔으나 술집 주인의 사실 증언과 경찰서장의 호의로 풀려나왔다.

이 소문은 일본 대학 캠퍼스와 동경 일대의 건달들에게까지 널리 퍼졌다. 이 소식을 접한 조선인 유학생들은 선친이 일본 본토에서 일본 건달들을 혼쭐냈다는 사실에 어깨를 으쓱거리며 통쾌해 했다. 조선의 피가 흐르는 선친인들 일본인들에 대한 적개심이 왜 없었겠는가? 선친이 일본 유학 중 주먹을 써서 만든 화젯거리가 있다면 바로 신주쿠 건달들을 때려눕혔다는 것이다. 이 소문은 현해탄을 건너 서울에까지 퍼졌다.

선친이 학생의 본분인 학업을 등지고 메이지 대학 캠퍼스를 떠나 조선의 주먹세계를 기웃거릴 수 있는 한가한 시간이 어디 있었겠는가? 선친은 유학 중인 1941년 4월 첫아들(영엽)이 태어났다는 소식을 듣고 기쁨의 눈물을 흘렸다고 한다.

2. 평양 귀향 뒤 농장 경영주(1942~1946년)

메이지 캠퍼스를 떠나 평양에 귀향, 정착한 선친은 고고학 연구에 전념하고 있는 조부를 대신해서 농장을 떠맡아 경영하고 가장으로 가정을 돌보며 분주하나 평온한 나날을 보냈다. 어쩌다 서울에서 친구가 찾아오면 평양 시내에 나가 모처럼 술잔을 기울이기도 했는데 체격이 유난히 큰 선친이 술집을 제집처럼 드나들며 시비 상대를 찾는 평양 건달들의 눈에 뜨이지 않을 리가 없었다. 서울에서 올라온 막역한 친구와 함께 대동강변에 있는 '할리우드 바'란 술집에서 담소를 하는 중에 들어선 서너 명의 평양 건달들이 시비를 걸며 도전을 해왔다. 도전은 이내 결투로 이어졌다. 그러나 선친의 주먹에 혼이 나간 건달들은 슬금슬금 꽁무니를 빼고 사라지더니 곧 복수를 하기 위해 열 명에 가까운 패거리들을 이끌고 할리우드 바로 몰려와 재도전을 했다. 건달 우두머리가 손짓으로 선친을 문밖으로 불러냈고 그로부터 한 시간 쯤 지나 선친이 홀로 바 안으로 들어섰다. 선친은 초조와 불안 속에 그를 기다리고 있던 서울 친구에게 다가가 히죽 웃으며 말했다.

"녀석들 모두 대동강 모래바닥에 누워 달만 쳐다보고 있지."

'대동강변의 결투'는 바의 손님들과 건달들의 입을 통해 평양 시내에 급속히 퍼졌고 평양의 건달들이 너도나도 선친과 가까이 하려고 접근했다. 이화룡 등 몇몇 주먹들이 선친에게 접근해 대면한 때가 이 시기였던 것으로 전해진다. 결투 소식은 친구를 통해 서울에도 퍼져나갔다. 이 '할리우드 결투'는 선친이 운명하기까지 조선 주먹세계의 주먹들의 도전을 맨주먹으로 다스린 마지막 결투였다. 선친은 주먹대결에 관한한 독불장군이어서 어떤 도움도 거부했다.

농장에서 선친은 해방을 맞았다. 해방은 선친으로 하여금 다시 레슬링에 대한 열정을 일깨워 주었다. 일본은 2차 세계대전의 전세가 불리해지자 서양 숭배 사상을 부추긴다는 궁색한 이유를 내세워 외래 스포츠 경기를 금지시켜 레슬링도 빛을 보지 못하고 있었다.

해방의 기쁨도 잠시 선친은 레슬링 부활을 굳게 다짐하고 평양의 식산은행에 근무하는 메이지 대학 동문인 김극환을 찾아가 자신의 뜻을 털어놓았다. 선친의 뜻에 공감한 김극환은 힘을 합쳐 평양에 레슬링 도장을 마련하자는데 합의했다. 김극환이 식산은행에 있는 당구장 사용권을 얻어내고 선친이 일본인이 살던 주택에서 다다미를 끌어모으고 일본군 모포를 구해 제법 쓸만한 레슬링 도장이 마련되었다. 두 젊은 레슬러는 평양 번화가에 가설 링을 설치해서 레슬링을 가두 보급하며 젊은이들을 도장으로 인도하여 훈련시켰다.

그러나 소련군이 북한에 진주하며 공산당에 의해 도장을 빼앗기고 이리저리 도장을 옮기는 어려운 환경 가운데서도 김극환과 선친은 평양에서 '해방 경축 레슬링 대회'를 개최하여 뒤에 한국 레슬링계의 거

목으로 성장한 강상훈 등 신인들을 발굴하는 큰 성과를 거두었다. 월남한 강상훈은 대한레슬링협회 전무이사를 지냈다.

그러니 선친은 하루빨리 공산치하를 벗어나 서울에서 레슬링 실력을 맘껏 펼쳐보고 싶은 꿈을 포기할 수가 없었다. 더구나 1948년에 열리는 14회 런던 올림픽에 한국이 참가할 계획이라는 소식을 듣고 선친은 서울 이주를 결심했다. 선친은 조부를 찾아가 자신의 결심을 상세히 설명하고 작별인사를 드렸다. 평양을 떠날 때까지 농장 경영주로 평양 생활 4년 남짓을 보낸 선친은 '할리우드 사건'으로 화젯거리의 주인공이 되기도 했으나 '야인시대' 주먹세계의 소재 거리는 아니었다. 이미 아들 셋을 거느린 가장이 주먹이라면 질색하는 아내를 두고 어찌 감히 주먹세계를 넘볼 생각조차 했겠는가? 타고난 센 주먹은 함부로 휘두르지 않는 한 자랑거리임에 틀림없다.

3. 서울 정착 후 조선체육관(한국체육관 전신) 레슬링 사범(1947~1950년)

1946년 봄, 선친은 가까운 친척 청년들의 도움을 얻어 모친과 세 아들을 이끌고 38선을 넘어 서울에 정착했다. 평양에서 1946년 1월 셋째 아들(득엽)이 태어난 지 겨우 석 달이 지난 때였다. 당시 38선은 그리 큰 장애 없이 왕래가 가능했었다. 거처는 조부가 서울 양정고보에서 영어교사로 교직생활을 할 때 구입한 방이 넷인 한옥이었다. 조부는 서울 생활에 필요한 충분한 자금, 현금화가 용이한 적잖은 금패물과 가보처럼 간직했던 값비싼 귀한 골동품을 선친에게 건네주는 한편 세검정에 있는 1만5천여 평 땅의 소유권이 선친의 이름으로 되어 있음을 확인시켜주었다. 조부의 도움으로 서울 정착에는 별다른 어려움이 없었다.

레슬링을 향한 선친의 꿈은 메이지 대학 선배이자 한국인 최초로 올림픽에 참가했던 황을수를 만남으로 현실로 펼쳐지기 시작했다. 황을수는 복싱 웰터급 선수로 마라톤의 권태하, 김은배 선수와 함께 10회 로스앤젤레스 올림픽에 일본 대표로 참석했었다. 그는 메이지 대학 시절 전 일본 복싱선수권 대회 챔피언이었다.

황을수는 서울 을지로 3가 일본사찰 자리를 체육관으로 만들기 위해 '조선체육관 건립위원회'를 설립해 동분서주하고 있었다. 때마침 후배인 선친이 나타나자 체육관 건립에 참여해 달라고 요청하며 레슬링부 사범을 맡아달라고 간곡히 부탁했다. 선친은 흔쾌히 제안을 받아들이고 레슬링 도장 마련에 발 벗고 나섰다. 가장 먼저 마련되어 연습이 가능한 부서가 레슬링이었다. 소련군과 공산당의 압제를 피해 북한에서 월남한 젊은 스포츠맨들이 선친의 소식을 듣고 체육관으로 찾아들었다. 거처가 없는 젊은이들에게는 체육관에 마련된 합숙소에 기거토록 도움을 주었다. 체육관이 정식 개관하기 전이었지만 레슬링부는 점차 서울 시내에 소문이 퍼지며 부원이 늘어나기 시작했다. 선친은 부원들을 훈련시키기에 여념이 없었다.

수제자 '손가락 없는 레슬러' 이상균

1947년 가을 선친은 레슬링부 사범을 찾아온 한 중학생을 만났다. 이름은 이상균. 그는 선친에게 레슬링을 하겠다는 소신을 밝히고 허락을 얻어 곧바로 연습에 참여했다. 그러나 이상균은 매일 방과 후 체육관을 출입하는 아들을 못마땅하게 여긴 부친의 심한 반대에 부딪쳤다. 레슬링을 계속하느냐 마느냐의 기로에 서게 된 것이다. 이상균은 선친에게 고민을 털어 놓았다. 제자의 고민을 경청한 선친은 그 길로 이상균의 부친 이해종을 만나 아들에게 뛰어난 운동소질이 있음을 강조하고 자신이 책임지고 대성시켜 보겠으니 아들의 집념을 꺾지 말아달라고 설득했다. 이상균의 부친은 마침내 고집을 꺾고 선친에게 모든 것을 맡기겠으니 아들이 레슬링에 전념해서 성공할 수 있도록 지도해달라고 당부했다. 이상균에게 선친은 아버지보다도 더한 신뢰감을 주는 존재였다. 이상균은 부친의 허락을 받은 다음날부터 선친의 수제자가 되었고 체육관 합숙소 기거도 허락받아 마음껏 연습에 열중할 수 있게 되었다.

선친의 스파르타식의 고된 훈련을 견뎌내며 성장한 이상균은 국가대표로 선발되어 1956년 16회 멜버른 올림픽 레슬링 밴텀급 선수로 출전하여 레슬링 역대 최고 성적인 4위에 입선했다. 그의 입선은 엄지를 포함 왼손 손가락 세 개가 없는 몸으로 이룬 쾌거여서 '손가락 없는 영웅'으로 칭송받았다. 1951년 5월 1일 이상균은 육군 특무부대 문관으로 업무를 수행하던 중 수류탄이 터져 손가락 셋이 절단되었다. 그날은 이상균이 '스포츠 영웅'으로 다시 태어난 날이었다.

이상균은 선수 생활을 마치고 지도자의 길로 나서 한국체육관 사범 및 관장, 대한레슬링협회 부회장, 대한체육회 태릉선수촌장을 지냈으며 올림픽 등 국제대회에서 국제심판으로 활약했다. 이상균은 25년간 무보수 한국체육관 관장으로 한국 체육계에 헌신한 공로로 1993년 미국 스포츠아카데미 특별공로상을 수상했고, 서울 체육회에 끼친 공로로 1994년 서울시문화상을 받았다. 그는 선친에 이어 '한국 레슬링 대부'로도 불려졌다. 이상균은 세계선수권 첫 금메달과 올림픽 은메달을 수상한 장창선 선수 등 한국체육관에서 레슬링의 걸물들을 많이 길러냈다.

조선체육관이 정식 개관한 것은 웰터급 레슬링 선수로 참가했던 레슬링 사범 황병관 등 14회 런던 올림픽 선수단이 귀국한 직후인 1948년 10월 30일이다. 개관과 함께 황을수와 선친은 늘어나는 부원을 수용하고 미비한 시설을 보완하고 확장하느라 더욱 분주한 나날을 보냈다. 정부 및 사회 각계인사들로부터 재정적 지원과 후원을 얻어내는 관장의 업무도 적극 지원했다. 6·25전쟁이 터지기 전까지 선친은 체육관에 나가 살다시피 했다.

선친은 한국레슬링협회가 기획한 한미친선레슬링대회(1950년 7월 예정)를 앞두고 준비에 여념이 없었다. 한국 대표를 뽑는 선발전에 대비하고 뽑힌 선수들의 조선체육관 합숙훈련을 지도하는 등 할 일이 넘쳤다. 그 무렵 어느 날, 이상균은 스승 황병관의 숨은 예술적 재능을 발견하고 감탄과 놀라움을 금치 못했다. 체육관 사무실에서 서울시 전역에 내다 붙일 대회 선전 포스터 도안을 그리고 있는 스승을 보게 된 것이다. 커다란 도화지 안에는 동양과 서양의 두 선수가 뒤엉켜 경기를 하는 모습을 담았는데 선수들의 두드러진 근육이 섬세하게 사실적으로 묘사되어 있어 마치 실물을 대하는 느낌이 들었다. 유감스럽게도 친선경기는 6·25전쟁으로 인해 무산되고 말았다. 또한 스승은 신문사 기자가 요청하면 즉석에서 원고지 7, 8매의 레슬링 시합 예상평이나 관전평을 써서 건네줄 정도로 문장력도 갖춘 교양인이었다.(국민체육진흥공단 편찬 〈레슬링 풍운록〉 '이상균과 전후파들' 중에서)

6·25전쟁이 터졌을 때 선친은 가족과 함께 집안에서 두문불출했다. 인민군이 서울을 점령한 다음 날 아침, 대문을 박차며 외치는 소리가 들렸다.

"황병관 나와!"

선친은 옷을 걸치고 나가 대문을 열었다. 겁에 질린 모친과 우리 형제들은 대문 쪽을 바라보았다. 따발총을 어깨에 멘 2명의 인민군과 한 명의 민간인이 보였다.

"레슬링 선수 황병관이지? 동무 따라오라!"

선친은 그들을 따라나서기 전 모친과 우리 형제들을 향해 히죽 웃으며 말했다.

"걱정 마. 별일 없을 터이니."

초조, 불안과 두려움 가운데 모친은 긴 여름밤을 지새웠고 다음날 아침 해가 장독대를 비추기 시작할 즈음, 선친은 별일이 없었다는 듯 웃으며 귀가했다. 레슬링에 무슨 좌우가 있고 색깔이 있겠느냐는 내무서원과 조선체육관 레슬링 사범 생활 등에 관해 대화를 나누고 식사 대접까지 잘 받고 선친은 풀려났다. 당시 국민학교 4학년인 형과 1학년인 나는 그날을 어제처럼 생생하게 기억하고 있다. 그런데 선친이 6·25전쟁이 터지자 김두한에게 연락해서 피난가라고 전달하고, 이화룡 패거리와 함께 부산으로 피난을 갔다는 뜬금없는 소문은 도대체 어디서 흘러나왔는지 모르겠다.

서울 을지로 3가에 위치한 조선체육관은 6·25전쟁 뒤 명칭이 한국체육관으로 바뀌어 대한민국 격투기 종목(레슬링, 복싱, 유도, 태권도)과 역도의 요람이며 국가대표선수의 산실로 이름을 떨쳤다. 특히 레슬링, 복싱 및 유도 종목에서는 한국체육관 대표가 곧 국가대표였다는 것이 체육인들의 하나같은 증언이다. 레슬링의 장창선, 복싱의 송순천과 김기수, 역도의 김해남과 유인호, 유도의 안호상 같은 한국 체육사를 빛낸 기라성 같은 선수들이 모두 한국체육관 출신이다.

대한중석에 적을 두었던 역도의 김성집 선수도 한국체육관에서 훈련을 쌓았다. 김성집은 1948년 14회 런던 올림픽에서 동메달을 땄는데 이는 대한민국 최초의 올림픽 메달이다. 그는 태릉선수촌장, 대한체육회 사무총장 등을 역임하며 대한민국 체육계에 크게 공헌했다. 한때 만주에서 그 이름을 크게 떨쳤고 해방 후 한국 프로복싱계의 정상에서 인기를 누렸던 프로복서 박형권도 한국체육관을 본거지로 선수 생활을 했다.

특히 레슬링부는 이상균, 김영준, 황재운 등 체육관 개관과 함께 입문한 레슬링 선수들을 비롯 최명종, 임광재, 봉창원, 이정기, 김지강, 강정호 등 레슬링 초창기를 이끈 쟁쟁한 선수들을 많이 배출했다. 이들 초창기 선수들은 코치나 감독 또는 스승으로 활약하며 제자들을 양성해 대를 이어 한국 레슬링계를 이끌어 나갈 인재들을 키워냈고 레슬링은 마침내 대한민국의 오랜 숙원이던 최초의 올림픽 금메달을 조국의 품에 안기는 역사적 쾌거를 이루어냈다.

서울대 체육학과를 졸업한 엘리트 레슬러인 최명종은 정동구를 발굴해 키웠는데 정동구는 레슬링 선수이자 지도자요 스포츠 행정가로 한국 체육사에 큰 족적을 남겼다. 중앙대 재학중이던 정동구는 1964년 제18회 동경 올림픽 레슬링에 출전, 6위에 입상한 학구파 선수로 1976년 몬트리올 올림픽에서 대한민국에 최초의 금메달을 안겨준 양정모 선수를 지도한 코치이자 스승으로 크게 두각을 나타냈다. 양정모 선수의 올림픽 우승은 대한민국 체육사에 한 획을 그은 획기적인 사건으로 양정모는 대한체육회에 의해 2015년도 스포츠 영웅으로 선정되었다.

정동구는 금메달의 승전보를 안고 귀국한 몬트리올 올림픽 선수단을 접견한 박정희 대통령에게 한국 체육의 발전을 위해 체육전문교육기관의 필요성을 청원했고 그의 청원은 4개월 뒤 한국 체육 인재 산실인 한국체육대학 출범을 알리는 신호탄이 되었다. 그는 한국체육대학 총장, 대한체육회 이사, 아시아대학스포츠연맹(AUSF), 체육육성재단 이사장 등을 역임하고 현재 태평양아시아협회(PAS) 회장으로 헌신하고 있다. PAS는 미래의 주역인 대학생들이 아시아태평양 지역 국가들을 대상으로 봉사활동, 기술교습과 문화교류를 하는 사회봉사 단체로 1994년 출범했다.

선친이 온 열정을 쏟으며 헌신했던 조선체육관 사범 생활은 6·25전쟁으로 인해 막을 내리고 이듬해 선친은 1·4후퇴 피난 행렬을 따라 가족과 함께 피난길에 올랐다. 조국의 체육 발전에 선친과 뜻을 같이 했던 황을수 관장은 동란 중 행방불명이 되었으나 북한에서 올림픽위원을 지내는 등 활동한 사실이 뒤늦게 알려졌다. 나는 선친이 황을수 관장과 젊은 레슬러들을 집으로 초대해서 스키야키를 대접하며 환담하던 모습을 기억한다.

서울 정착 뒤 1947년 후반기부터 본격적으로 시작된 선친의 조선체육관 사범 생활 중 이화룡은 명동에 터를 잡고 정착했다. 레슬링 사범이란 본업과 목적이 뚜렷했던 선친은 스스럼없이 그와의 교제도 이어갔을 것이다. 두뇌 회전이 빠른 이화룡은 명성이 있는 엘리트 스포츠맨인 선친과의 친분이 명동파의 이미지에 큰 도움이 된다는 사실을 잘 알고 있었다고 선친의 레슬링 친구들과 체육계 인사들은 증언하고 있다. 선친은 이화룡과 서로 이름을 부르는 사이였다. 이화룡과 친분을 들어 명동파니 이화룡의 오른팔이니 하는 소문을 들으면 씁쓸한 웃음만이 나온다. 조선체육관 레슬링 사범 시절 선친은 김두한과 접촉한 사실이 없었으며 '야인시대'의 기대와 흥행성을 만족시킬만한 이야기거리를 전혀 만들어내지 않았다. 야인시대에 어떻게 레슬링 사범을 출연시킬 수가 있겠는가?

4. 1·4후퇴와 부산 피난지 레슬링 사범 (1951~1952년 2월 28일)

1951년 혹독한 추위 속 1·4후퇴 피난 대열에 끼어 온 가족이 험난한 피난길에 올랐다. 두 살배기 막내 여동생(선엽)은 선친이 둘러메고 다섯 살 남동생(득엽)은 엄마 손에 이끌렸다. 소달구지에도 앉아 보고 친분이 있는 영관장교의 호의로 군용 트럭에 실려 밤새 달리기도 했다. 선친을 따라 피난 대열에 묻혀 남으로 가다보니 대전에 이르렀다. 선친은 이리저리 수소문 끝에 대전 철도관사의 빈방 두 개를 구했다. 철도 관계 책임자의 도움으로 호구지책도 마련했다.

선친이 가족을 대전에 두고 급히 부산으로 떠나기로 결정한 때는 1951년 4월이었다. 피난 나온 선수들과 신인들을 선발해 전쟁 중에도 레슬링의 명맥이 끊어지지 않도록 체계적 훈련을 시키는 한편 1년 남짓 앞으로 다가온 15회 헬싱키 올림픽에 대비해 국가대표선수를 키워내야 한다는 사명감 때문이었다. 전쟁 중에도 레슬링을 향한 선친의 열정은 식기는커녕 더욱더 불타올랐다. 선친은 교통부장관을 지낸 문봉제 씨 등의 도움을 얻어 부산 광복동 2층 건물의 사무실 하나를 빌려 레슬링 보급에 열정을 쏟기 시작했다.

세 손가락을 잃고 실의에 빠져 치료를 받으러 다니던 이상균은 스승 황병관이 부산에서 레슬링 보급에 힘쓰고 있다는 소식을 듣게 되었다. 그런데 이상균이 뜻밖에 대전 철도관사에 나타났다. 모친과 우리 형제들은 그를 반갑게 맞았다. 선친은 스승을 찾아 부산행을 결심한 수제자에게 대전에 들려오도록 부탁을 했던 것이다. 잠시 그가 묵는 사이 나와 제기차기를 했는데 엉뚱한 방향으로 튀는 제기를 급히 왼손으로 잡으려던 그가 바른손으로 왼손을 감싸며 고통스러워하던 모습이 지금도 눈에 선하다. 엽전 모양의 쇠붙이가 들어있는 제기가 상처가 채 아물지 않은 손가락 절단 부위와 세게 맞부딪쳤던 것이다.

이상균은 부산 광복동 스승의 사무실을 찾아갔다. 왼손에 목장갑을 낀 이상균을 본 스승은 눈물을 글썽이며 입을 열었다.

"손가락 없이도 레슬링을 할 수 있을 거야! 마음먹기에 달렸지. 새 기술을 개발하면 돼!"

스승은 곧바로 이상균을 데리고 경남 도청 구내에 있는 상무관으로 인도해 레슬링복으로 갈아입으라고 지시했다.

그날부터 스승과 제자가 일체가 되어 개발한 기술은 불편한 왼팔로 상대의 팔을 끼고 오른팔을 상대의 겨드랑이 밑으로 돌려 상대의 목을 휘감는 공격법이었다. 이 공격법은 손가락을 상실한 이상균에게 안성맞춤의 전법이었다. 이상균이 3개월간 피나는 연습을 통해 이 공격법을 완전히 익혀 자신의 비장의 무기로 만들었을 즈음 6·25전쟁의 와중인 1951년 32회 전국체전이 10월 27일 광주에서 열렸다.

서울시 대표선수로 뽑힌 이상균은 자신이 갈고 닦아 익힌 전법을 시험할 수 있는 절호의 기회로 여기고 전국체전에 비장한 각오로 출전했다. 환부의 통증이 채 가시지 않았으나 이상균은 강인한 정신력으로 버텨가며 새 전법을 사용하여 감격스런 우승의 영광을 스승 황병관과 함께 나누게 되었다. 스승은 마치 자신의 우승처럼 기뻐했다.(<레슬링 풍운록> '이상균과 전후파들' 중에서)

선친의 장례식장에서 형과 나도 섧게 울었지만 이상균이 마치 부친을 잃은 듯 몸부림치며 울던 모습을 결코 잊을 수가 없다. 우리 형제들은 그를 '상균 아저씨'라고 불렀는데 새해가 되면 미국에 사는 나에게도 잊지 않고 꼬박꼬박 연하장을 보내주었다. 나는 1984년 제23회 로스앤젤레스 올림픽에 한국 선수단과 함께 참가했던 상균 아저씨로부터 IOC 집행위원의 서명이 든 희귀한 올림픽 기념 손목시계를 선물로 받았다. 상균 아저씨의 유품이 되어버린 이 시계를 요즘도 외출할 때면 종종 팔에 차고 다니다 자랑도 한다.

대한민국 레슬링에 평생 몸 바쳤던 선친은 마지막 열정을 제자들에게 다 쏟아 붓고 1952년 2월 28일 피난지 부산에서 레슬링과 작별을 고했다.

◆ 김극환 레슬링 감독의 기자 인터뷰

1964년 제18회 도쿄 올림픽에 대한민국 레슬링 감독으로 참가한 김극환 씨의 당시 기자 인터뷰 내용을 소개함으로 선친 황병관의 레슬링 일대기의 막을 내리려 한다.

1964년 10월 15일. 국내 신문사들은 앞다투어 호외를 발행해 자유형 플라이급 장창선 선수가 은메달을 딴 쾌거를 급보로 온 국민에게 전했다.

'당당 세계 2위. 동경에 감격의 첫 태극기. 한국 레슬링 사상 최초의 올림픽 메달. 선수단과 동포 함께 울어.' 당시 동아일보 호외의 제목들이다.

레슬링 경기가 벌어진 도쿄의 고마자와 체육관. 벅찬 감격과 기쁨의 눈물을 흘리던 레슬링 감독 김극환은 흥분이 가라앉자 기자들에게 입을 열었다.

"오늘 이 감격스런 모습을 돌아가신 황병관 형에게 보여주고 싶습니다."

감격과 흥분과 눈물이 뒤범벅이 된 순간 김 감독이 그의 공적을 못 잊어 하며 그 모습을 보여주고 싶어 한 황병관이란 과연 어떤 인물이었던가? 김극환 감독은 회상에 젖어 인터뷰를 이어갔다.

"6·25전쟁으로 존폐의 갈림길에 놓였던 레슬링을 오늘 올림픽 무대에서 은메달의 영광을 차지할 수 있도록 바탕을 만들어준 사람이 황병관이었고, 부산으로 대구로 전쟁을 피해 흩어진 레슬러들을 규합, 조직적인 훈련을 받도록 한 사람이 황병관이었습니다."

이렇게 김극환 감독의 회상으로 서두를 장식한 〈레슬링 풍운록〉에 수록된 선친의 일대기는 150여 페이지에 걸쳐 펼쳐진다.

선친의 일대기에 소개된 레슬링 동료 등 생존자들의 생생한 증언, 검증된 역사적 기록, 가족과 친지들의 체험담 등을 종합해 보면, 혈기 왕성한 젊은 나이에 실수나 과오도 있었겠지만 선친이 '한국 레슬링의 대부'라는 명성을 잠시라도 잊었거나, 그 명성을 훼손시킨 적은 결코 없었다고 확신한다.

선친과 친분이 두터웠던 인물은 대부분 명망 높은 스포츠맨으로 메이지 대학 레슬링 팀원인 김극환, 김옥규, 김석영 씨와 서울 YMCA 레슬링부 창시자인 조순동, 프로복서 박형권, 한민족 최초로 일제 강점시인 1932년 10회 LA올림픽에 권투 선수로 참가한 메이지 대학 선배이자 조선체육관 설립자 황을수 씨 등이었다. 특히 한국 체육계에 크게 공헌한 수많은 레슬링 제자들 가운데 태릉선수촌장을 역임한 이상균 씨는 선친이 타계한 뒤에도 유가족들과 긴밀한 인연을 이어가다 2010년 세상을 떠났다.

70년대 초반 내가 한국에서 기자로 근무할 때, 해방 직후 좌우이념 대결로 얼룩졌던 대학 캠퍼스의 실상을 파헤쳐 진단해 보는 '국대안 반대사건'이란 특별기획 연재물 취재를 위해 당시의 서울대 총장, 각

대학교수, 대학생, 정치인 등 저명한 역사적 인물들을 폭넓게 만나 인터뷰한 잊지 못할 취재 경험이 있다. 인터뷰를 마치면 나는 "혹시 메이지 대학의 레슬러 황병관을 아십니까?"라고 묻고 그들의 대답을 경청하곤 하였다. 그들은 일제 강점기 선친의 레슬링 활약상을 잘 알고 있었으며 또 자랑스럽게 생각했었다고 증언해 주었다. 내가 행운의 인터뷰를 했던 인사들 가운데는 서울대 총장 및 주미대사를 역임한 장이욱 박사, 초대 문교부 장관을 지낸 철학자 안호상 박사, 국회의장을 지낸 채문식 씨, 7선 국회의원을 지낸 야당 지도자 이철승 씨, 이론화학계의 거장으로 노벨상 후보로도 올랐던 이태규 박사 등 학계와 정치사에 큰 족적을 남긴 역사적 인물들이 포함되었다. 자유당 시절 내무부장관을 역임한 이익흥 씨를 신문사 인근 다방에서 인터뷰하기도 했다.

◆ 글을 맺으며

선친과 돌아가신 모친은 물론 친인척이나 지인들도 "조국의 레슬링에 짧은 생애를 다 바쳤던 아버지의 명예 회복을 위해 형제가 수고 많았네." 하며 흐뭇해하시리라 믿는다. 나의 부족한 이 글이 허위, 왜곡, 과장, 루머 등에 의해 참 모습을 잃어버린 선친 황병관이 '대한민국 레슬링의 보급자요 대부'라는 본래의 모습으로 인도하는 길잡이가 되기를 간절히 바란다.

이 글을 쓰는데 필요한 자료를 제공해 주고 조언을 아끼지 않은 형(황영엽)에게 감사할 따름이다. 서울대 영어교육과를 졸업한 형은 잠시 모교인 양정고에서 영어교사로 재직하다 머크(Merck) 제약사 한국 마케팅 책임자, 고려원양 영업과장, 합동통신 광고기획실 국제부장을 거쳐 탁월한 영어회화 실력을 바탕으로 현대종합상사의 미국, 독일, 영국, 화란, 인도 등 해외 법인장 및 지사장을 맡아 전 세계를 누비며 한국 경제 성장의 첨병으로 일하다 상무로 은퇴했다. 은퇴 뒤 한국번역가협회 주최 제16회 국제신인번역대회에서 최우수상을 수상하며 한영 번역가로, 외교통상부 시니어공공외교단 1기 단원 등으로 활동하며 바쁜 은퇴생활을 하고 있다.

끝으로 2000년 3월 한국 레슬링 변천사와 감동적인 이야기들을 체계적으로 시대별로 정리하여 〈한국체육사-레슬링 풍운록〉을 발간한 국민체육진흥공단 이연택 이사장, 〈레슬링 풍운록〉 저자 조동표 기자, 기획 단계부터 발간까지 지원을 아끼지 않은 최창신 전 문화체육부 차관보 및 한국체육사 편찬위원회 연병해 이사장께 감사의 말씀을 드린다. 국민체육공단은 체육인에게 자부심을 고취시키고 청소년들에게 꿈과 희망을 심어주기 위해 종목별로 엮은 한국체육사를 시리즈로 발간하고 있다.

〈끝〉

메이지 대학 유학 중 황병관은 조부의 중매로
평양 서문여고 출신 재원 최무정과 평양에서 결혼.
결혼식을 마친 직후 신랑 신부가 신랑의 누님 및 남녀동생들과 따로 찍은 기념 사진

1952년 3월 6·25전쟁 중 피난지 부산에서 '대한 체육인장'으로 치러진 선친 황병관의 장례식 및 가두 운구행렬

선친 황병관(1919년 4월 8일~1952년 2월 28일) 장례식 제단

무임소 장관, 사회부 장관 및 국무총리서리를 역임한 이윤영 씨가 조사를 하는 모습

사진 왼쪽부터
이윤영, 국회의원을 지낸 변호사 한근조. 서울대 사회학과 교수로 대한체육회 부회장 및 IOC위원을 역임한 이상백, 국무원 사무국장 및 교통부 장관을 지낸 문봉제 씨 등 장례식 참석 귀빈들

국방부의 특별 배려로 장례식에 파송된 국군군악대
유족들이 탑승한 운구차에 앞서 이동하며 주요 길목에서 대기하고 있다가 운구행렬이 지나가면 조가를 연주했다.

선친 황병관의 장례식을 마친 뒤 대형 태극기와 만국기 그리고 조화 행렬을 앞세우고 부산 광복동 번화가를 거쳐 아미동 묘소로 향하는 운구행렬

그들은 나를 '미스터 씨'라고 부른다

발행일 2023년 10월 1일
지은이 황 시 엽
펴낸이 이 영 균
펴낸곳 도서출판 규장
출판등록 873-97-00636
주 소 04569 서울시 중구 퇴계로 73길 10
전 화 82-2-2268-0690

ISBN 979-11-91123-20-3

* 무단 전재 및 복제를 금합니다.
* 잘못된 책은 바꾸어 드립니다.